Dble de
Jol V 5960

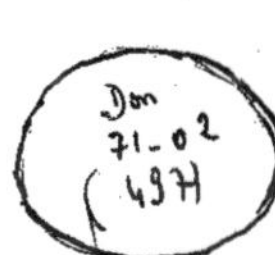

LIVRE D'OR

DE LA
SOCIÉTÉ FRANÇAISE

HISPANO-SUIZA

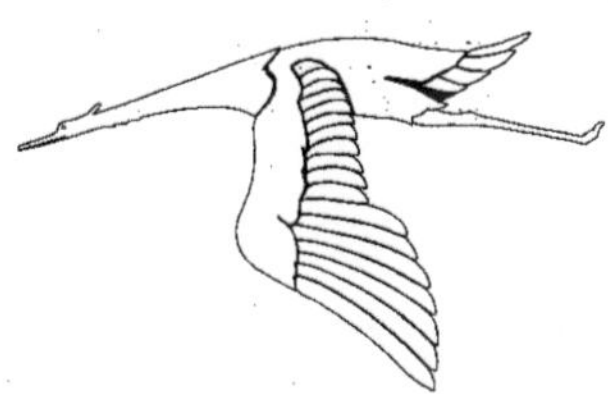

A
LA GLOIRE DES AVIATIONS
FRANÇAISE ET ALLIÉES

CET OUVRAGE
ÉDITÉ PAR
LA SOCIÉTÉ FRANÇAISE
HISPANO-SUIZA
SE RATTACHE A
L'HISTOIRE DE L'AVIATION
PENDANT LA GRANDE GUERRE

SON AUTEUR EST
M. LOUIS MASSUGER
INGÉNIEUR
ATTACHÉ A LADITE SOCIÉTÉ

———

ACHEVÉ D'IMPRIMER
SUR
LES PRESSES DE
DRAEGER FRÈRES
EN 1924

M. Marc BIRKIGT

INGÉNIEUR-FONDATEUR DE LA SOCIÉTÉ HISPANO-SUIZA POUR L'EXPLOITATION DE SES BREVETS,
ANCIEN ÉLÈVE DE L'ÉCOLE DES ARTS-ET-MÉTIERS DE GENÈVE,
NÉ A GENÈVE (SUISSE) EN 1878.

LA HISPANO-SUIZA
DEPUIS SA FONDATION JUSQU'EN 1914

L A "HISPANO-SUIZA" a été fondée en 1904, par M. BIRKIGT. Le tableau ci-dessous indiquant ses créations jusqu'en août 1914, donnera un aperçu de la pratique industrielle qu'elle avait su acquérir à cette époque.

1904   Châssis 10 CV, 2 cylindres 100×120.

1905   Châssis 14 CV, 4 cylindres 80×110; Châssis 20 CV, 4 cylindres 100×120 (bois armé); Groupe fixe moto-pompe 8-10 CV.

1906   Châssis 20 CV, 4 cylindres 100×120 ; Châssis cuirassé, bloc-moteur, disposition brevetée employée depuis sur tous les types. Embrayage à disques bronze et acier fonctionnant à sec.

1907   Châssis 12 CV, 4 cylindres 80×110; Camion 24 CV, 4 cylindres 100×120 à chaînes. Cette année, une licence des brevets de la Société fut cédée à une importante firme suisse, la Picard-Pictet, de Genève.

1908   Châssis 15 CV, 4 cylindres 80×130; Châssis 30 CV, 4 cylindres 100×130; Autobus 15 CV, 4 cylindres 80×130; Groupe marin 15 CV, 80×130; Groupe marin 30 CV, 100×130.

1909   Châssis 60 CV, 6 cylindres 100×130. Embrayage à disques acier fonctionnant à sec. Type de luxe. Ce modèle se fit remarquer par son absence absolue de vibrations. Dans une course du kilomètre une de ces voitures, fit 120 kilomètres à l'heure.

Châssis 15 CV, 4 cylindres 80 × 180, type Alphonse XIII. Ce nom lui a été donné parce que le roi d'Espagne eut la première voiture de ce modèle, dont le succès considérable dure depuis plus de dix ans.

Châssis de course, 4 cylindres 65 × 200. A disputé la Coupe de Catalogne.

1910   Châssis de course, 4 cylindres 69 × 200. Voitures dont l'une, avec Zuccarelli, gagna magistralement le Grand Prix de Boulogne. Ces voitures triomphèrent également au Ventoux et à Ostende.

14 CV — 4 CYLINDRES — 1905.

1911 Châssis 30 CV, 4 cylindres 100×150 ; 15 CV, 4 cylindres nouveau modèle 80×130 ; Groupe marin 30 CV, 100×150.

1912 La Hispano voulut prendre part au Grand Prix de Dieppe et prépara des voitures dont le moteur portait un dispositif absolument nouveau ; il était accouplé à un compresseur qui, par l'intermédiaire d'un distributeur, lui faisait admettre des gaz sous pression.

La puissance obtenue avec ce dispositif sur des moteurs de trois litres de cylindrée fut considé-rable ; mais la mise au point fut assez laborieuse et les voitures ne furent pas prêtes pour la course.

Cependant, la surali-mentation ou admission sous pression qui devait tenter tant de chercheurs pour les moteurs d'avia-

60 CV — 6 CYLINDRES 130×140 — 1908.

tion et de course, était expérimentée pour la première fois peut-être sérieusement.

En même temps elle sortait un camion de 4 tonnes (type artillerie) 4 cylindres 110×180.

1913 Châssis type sport, 4 cylindres 85×130, avec les soupapes au-dessus com-mandées par culbuteurs et vilebrequin monté sur roulements à billes.
Châssis 4 cylindres 90×150, soupapes au-dessus commandées par culbuteurs.
Châssis 4 cylindres 100×180, soupapes au-dessus commandées par culbuteurs.

1914 Châssis de luxe, 4 cylindres 90×180, avec quatre soupapes par cylindre ;
Châssis de luxe, 4 cylindres 80×150 ; Châssis 8 CV, 4 cylindres 70×110 ;
Châssis 16 CV, 4 cylindres 85×130, arbre à cames attaquant directement les soupapes placées au-dessus des cylindres (attaque directe).
Au début de cette même année, les ateliers de Levallois étant devenus trop petits, la Société s'installait à Bois-Colombes, dans une usine moderne qu'elle avait fait construire.

Ce bref exposé fait ressortir la puissance de création de M. BIRKIGT qui conçut tous ces modèles dont la gamme est excessivement variée.

Avant de fonder la Hispano-Suiza, avec la collaboration de deux Sociétés diffé-rentes, il avait déjà construit des véhicules automobiles, dont les premiers furent des autobus électriques, mais il eut de grosses difficultés avec les accumulateurs, et il s'orienta vers le moteur à explosion.

Il fit alors une 4 1/2 CV, 2 cylindres 80×110, à transmission par chaîne unique. Il existait encore en 1918, quelques voitures de ce type assurant un service de livraison.

Puis une 10 CV, 2 cylindres 100×120, à cardan et une 14 CV, 4 cylindres 80×110.

Dans tous les types qu'il créa, voiturettes, voitures, camions, autobus ou groupes marins, tout est original.

On remarque la simplicité mécanique, la pureté du dessin, l'élégance et la sobriété de la forme.

Beaucoup de ses conceptions firent école : le bloc-moteur, la poussée par les ressorts, la longue course, la grande vitesse de rotation, le capot fuyant, etc.

Toutes les voitures créées furent remarquables par leur rendement.

Elles commençaient à être connues et admirées avant la guerre, et un grand technicien de l'automobile, Charles FAROUX, donnait à la voiture Hispano, le nom de " Reine de la Route ".

« Mais oui, une reine à laquelle on livre passage dès qu'on l'a reconnue de loin »...

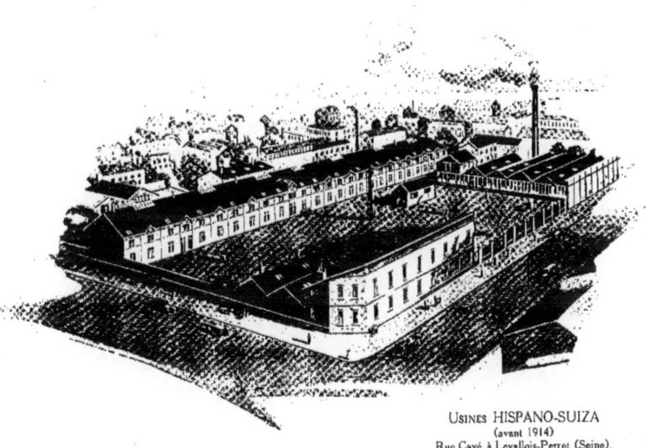

Usines HISPANO-SUIZA
(avant 1914)
Rue Cavé, à Levallois-Perret (Seine).

LE COMITÉ DE DIRECTION
DE LA SOCIÉTÉ HISPANO-SUIZA

ÉMILE MAYEN
Président du Conseil d'Administration.

ALFRED GERSON
Administrateur,
Membre
du Comité de Direction.

JEAN LACOSTE
Administrateur,
Directeur Administratif.

MARC BIRKIGT
Vice-Président du Conseil d'Administration,
Directeur technique.

LES PRINCIPAUX COLLABORATEURS
DE LA SOCIÉTÉ HISPANO-SUIZA

PENDANT
LA
GUERRE

« *Dès l'arrivée du Moteur Hispano-Suiza sur le front nous avons pris la maîtrise de l'air, et grâce à lui nous l'avons gardée.* »

FONCK

LE
MOTEUR D'AVIATION

—

UN mois après la déclaration de guerre, presque tout son personnel ayant été mobilisé, l'usine de Bois-Colombes fut fermée quelque temps; puis elle fut louée à une Société de moteurs rotatifs pour la fabrication de pièces détachées. En décembre, désirant se rendre utile, M. BIRKIGT décida de construire un moteur d'aviation.

Ce moteur de 120 d'alésage et 130 de course, basé sur des principes absolument nouveaux, fut rapidement exécuté et commença ses essais vers la fin de février 1915. Il développa comme puissance 150 CV à 1.500 tours, et 200 CV à 2.000 tours; son poids était de 150 kilos.

Ces résultats étaient dus, non pas à l'allègement excessif des pièces, mais à des conceptions tout à fait nouvelles, dont les plus remarquables sont :

La constitution du groupe cylindres.

Les cylindres en acier portent leur fond, ils sont vissés, par jeu de quatre, dans une culasse en aluminium formant chambre d'eau. L'aluminium a été rendu inaltérable par un procédé d'émaillage sous pression.

La distribution.

Les soupapes placées à la partie supérieure des cylindres et disposées en ligne suivant l'axe du moteur, sont commandées par un seul arbre à cames pour chaque groupe.

Chaque came agit directement sur la queue de soupape, dont l'extrémité est munie d'un

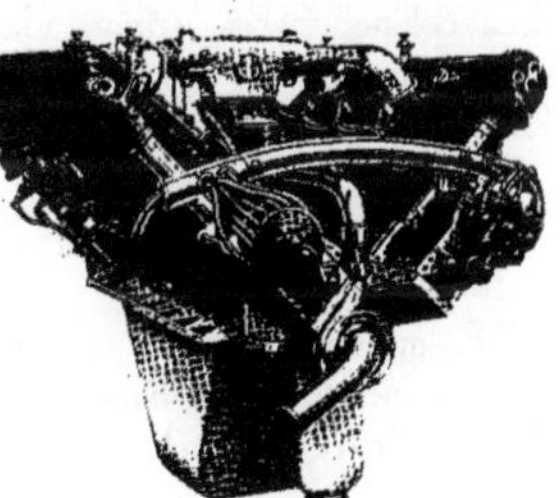

MOTEUR 150 CV.

plateau en acier de cémentation. Cette disposition a pris le nom " d'attaque directe ".

Le réglage du jeu, entre le plateau de soupapes et le moyeu de la came s'obtient au moyen d'une clé spéciale qui déplace angulairement le plateau qui est vissé dans la tige de soupape.

L'embiellage.

La bielle principale est antifrictionnée intérieurement et extérieurement. La bielle extérieure est du type à fourche, mais l'extrémité de la fourche porte un petit pont venu avec le chapeau, qui la renforce considérablement.

CE moteur, comme tous ceux construits par la suite, est à 8 cylindres, disposés en V par groupe de 4 qui se font face et dont les axes forment entre eux des angles à 90°. Son vilebrequin est maintenu dans 5 paliers.

Toutes les pièces en mouvement sont dans un carter, leur graissage se fait sous pression avec une grande sécurité.

Les organes donnant généralement des ennuis ont été doublés, alors qu'un seul aurait suffi à assurer la marche du moteur ; il y a deux ressorts par soupape, deux bougies par cylindre et deux magnétos.

Son encombrement est relativement très réduit. Sa grande simplicité et sa fabrication facile font prévoir son importante destinée.

LE GOUVERNEMENT FAIT EXAMINER LE MOTEUR

LES résultats des premiers essais furent vite connus et à la demande du colonel Barès, commandant l'aviation au Grand Quartier Général, une mission composée du commandant Graard et du capitaine Martinot-Lagarde fut chargée d'examiner ce moteur dont elle acheta un exemplaire.

PREMIERS ESSAIS

CE moteur fut livré au mois de juillet 1915 et quelques jours après, à l'usine de Bois-Colombes, il faisait officiellement un essai de 15 heures sans arrêt, plein régime à 1.550 tours, soit plus de 150 CV de puissance moyenne. Il avait été mis en marche pour ne faire que 10 heures seulement, mais afin que la démonstration fût plus complète, on prolongea l'épreuve.

Les services techniques de l'aviation exigeaient alors un essai de 10 heures que beaucoup de constructeurs avaient tenté déjà sans réussir.

La Société Hispano-Suiza remporta donc immédiatement un succès, et à la suite de quelques autres épreuves que dut subir encore le moteur au laboratoire de Chalais-Meudon, le gouvernement lui passa une commande conditionnelle de 50 moteurs, en exigeant quelques modifications de détail qui en firent le type " Chalais ".

ORIGINE DES ESSAIS
DE 50 HEURES

A l'annonce de cette commande, des protestations s'élevèrent dans le monde industriel : certains prétendaient que ce moteur était basé sur des principes trop fragiles, et qu'il ne devait pas faire d'usage. Le parlement même s'en inquiéta et M. René Besnard, sous-secrétaire d'Etat à l'Aviation, devant ces difficultés, après avoir pris conseil de quelques techniciens, imposa au moteur Hispano-Suiza un essai de durée de 50 heures !

50 heures pleine charge sur un banc d'essai !

Il semblait à cette époque qu'aucun moteur ne pourrait subir avec succès une pareille épreuve.

M. BIRKIGT demanda simplement, puisque son moteur devait être soumis à des conditions aussi dures, que les autres concurrents le soient aussi. Il ne devait pas y avoir deux poids et deux mesures. Le ministre accepta.

C'est au mois de décembre au laboratoire de Chalais-Meudon, avec un contrôle des plus sévères, que deux moteurs Hispano commencèrent ensemble leur essai d'endurance.

Ils le réussirent sans incident ! Ce fut un triomphe, et d'autant plus grand que d'autres moteurs soumis ensuite à la même épreuve ne purent la réussir du premier coup et certains même ne la réussirent jamais.

La commande conditionnelle de 50 moteurs non seulement devenait définitive, mais elle fut même augmentée [1].

---

(1) *Journal Officiel*, page 715. Chambre des Députés. Séance du 14 mars 1917.

(Extrait de l'interpellation de M. Raoul Anglès sur l'Aéronautique) :

« Prenons un exemple passé. Tout le monde sait ce qui est advenu à propos du moteur " HISPANO ", qui fonctionnait dès le début de 1915 et qui est incontestablement le meilleur moteur d'aviation, parce qu'il est le plus puissant et le plus léger... Eh bien ! il a fallu plus d'un an pour vaincre, en sa faveur, la coalition de routine bureaucratique et d'intérêts privés... *(Très bien ! Très bien !...)*.

« Si M. René Besnard a dû quitter le sous-secrétariat de l'Aéronautique, c'est parce qu'il avait eu le courage d'imposer ce moteur décrié, déclaré irréalisable par ceux aux yeux desquels il avait le tort de n'être pas leur chose, et qui, aujourd'hui, a prouvé sa supériorité aérienne. » *(Applaudissements)*.

LA FABRICATION SE GÉNÉRALISE

UNE importante Firme de construction automobile, la maison Brasier, demanda au gouvernement de faire des moteurs Hispano, puis, ensuite, ce fut la Société Ariès ; ils obtinrent des commandes, ce furent les premiers licenciés, ils devaient être suivis par beaucoup d'autres.

En même temps, les ingénieurs d'une société américaine constituée pour la fabrication de moteurs d'aviation pour les alliés, venus à Paris pour étudier un moteur qui leur était recommandé par le gouvernement français, demandèrent de construire, à sa place, le moteur Hispano. Ils obtinrent gain de cause, et c'est ainsi que la Wright Martin C° construisit dans ses ateliers de la " Simplex ", à New-Brunswick, les moteurs Hispano.

Le gouvernement anglais entra également en pourparlers avec la Hispano-Suiza, prit une licence, et chargea de l'exécution des moteurs l'usine Woolseley, à Birmingham. En outre, il passa des commandes à différents constructeurs français, dont le plus important fut Mayen.

La Russie prit également une licence.

Puis ce fut le tour de l'Italie où les usines S. C. A. T. et Itala, de Turin, et Nagliati, de Florence, fabriquèrent le moteur Hispano.

En France, 14 importantes firmes, dont les plus grands spécialistes de l'automobile, fabriquèrent le moteur Hispano, et, en 1918, à l'instigation du gouvernement du Japon, les chantiers navals Mitsubishi-Goshi-Kaisa prenaient une licence pour la fabrication dans ce pays.

HYDRAVION F. B. A. MUNI D'UN MOTEUR 150 CV.

UTILISATION

PARALLÈLEMENT, commença l'utilisation pratique du moteur ; c'est sur un hydravion F. B. A. qu'il fit ses premiers vols dont les performances furent remarquables. La marine passa immédiatement des commandes ; elle en fit monter, par la suite, sur tous ses types d'appareils et l'employa presque exclusivement.

Puis ce fut un avion Nieuport qui vola avec un moteur Hispano.

Ensuite un Morane, puis un B. E. 2 C, appareil anglais. Tous donnèrent de très bons résultats qui encouragèrent beaucoup d'autres constructeurs à faire des études d'appareils pour recevoir l'Hispano.

LE SPAD-HISPANO

C'EST ainsi que M. Bechereau, le célèbre ingénieur de la Société S. P. A. D., étudia son appareil, le S. 7, qui fut vraiment la première cellule du moteur Hispano-Suiza. Il sortit au mois de juin 1916.

A son premier vol, il fit comme vitesse 215 kilomètres à l'heure, battant de loin tous les records.

Il y eut beaucoup de critiques : son moteur fixe devait l'empêcher d'évoluer, de faire des vrilles et des loopings ; son radiateur le rendait trop vulnérable, et puis, si l'on voulait bien admettre encore le moteur fixe sur un avion de reconnaissance ou de bombardement, pour l'avion de chasse, vraiment, il ne devait pas pouvoir remplacer le rotatif.

Les heureux résultats obtenus par la suite triomphèrent de ces allégations, et le Spad-Hispano devint l'avion de chasse de tous les Alliés.

SUR LE FRONT

C'EST en août 1916 que le lieutenant Pinsard emmenait sur le front — au terrain de Cachy — le premier Spad-Hispano. C'était l'époque de la grande offensive de la Somme, et tous les meilleurs pilotes étaient réunis à cet endroit. La plupart avaient des idées préconçues sur le moteur fixe ; mais après quelques sorties du lieutenant Pinsard, ils changèrent d'avis, et l'adjudant Chainat demanda, lui aussi, un Spad.

SPAD-HISPANO du Lieutenant Pinsard, muni d'un moteur 150 CV.

Puis ce fut le tour de Guynemer qui demanda le troisième, afin de faire un essai. A sa deuxième sortie il descendait un boche (son dixième), première victoire du moteur Hispano-Suiza sur la mécanique allemande. Il abandonna alors définitivement le moteur rotatif et devint le grand champion du moteur Hispano.

Les lieutenants Lesort, Heurteaux, Deullin, les capitaines Brocard, Ménard, Féquant prirent des Spad-Hispano. Toute l'aviation de combat française et alliée devait suivre.

La plupart des constructeurs d'avions demandèrent des moteurs Hispano. Mais on n'en fabriqua jamais en assez grande quantité, bien que le gouvernement ait intensifié sa production, et ils furent presque réservés à l'aviation de chasse qui exigeait le moteur ayant les plus grandes qualités.

LES AUTRES CRÉATIONS DE M. BIRKIGT

SUR le front, après l'apparition du Spad-Hispano 140 CV, nous prenions, vers la fin de 1916, la suprématie aérienne, mais M. BIRKIGT ne s'était pas arrêté dans ses recherches, et en portant de 4,7 à 5,3 la compression du moteur 140 CV et en en changeant le carburateur, il créait le moteur 180 CV, "le surcomprimé" qui nous donna alors une nouvelle avance sur l'ennemi.

Ce fut avec le premier de ces moteurs, dont il se servit pendant plus de 100 heures sans le moindre incident, que Guynemer obtint dix-neuf victoires officielles sur le même avion, son "Vieux Charles", exposé actuellement aux Invalides.

Pour obtenir du moteur une puissance encore plus grande, M. BIRKIGT décida de le faire tourner à un régime plus élevé, 2.200 tours, et de le munir d'un réducteur de vitesse pour l'hélice dont le rendement se trouva ainsi augmenté. Ce fut le moteur 200 CV avec la compression 4,7 et 220 CV avec la compression 5,3.

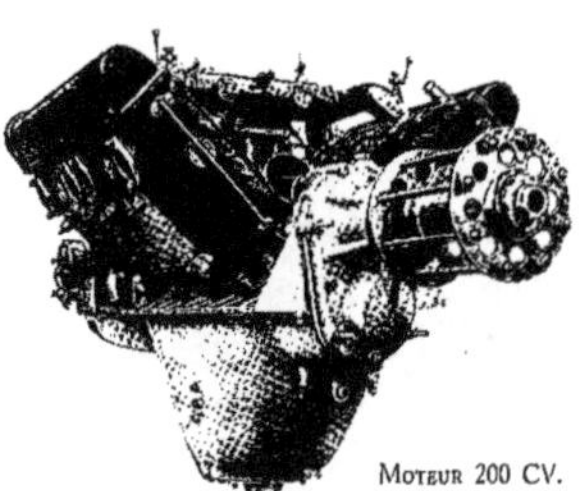

Moteur 200 CV.

Ce moteur est celui qui fut construit au plus grand nombre d'exemplaires; au début, il avait semblé un peu délicat, mais par la suite, et avec quelques petites modifications, il devint le roi de l'air comme l'avaient été ses prédécesseurs les 150 et 180 CV.

Entre temps, cherchant toujours à rendre service, M. BIRKIGT créa la commande par tige oscillante du tir de mitrailleuse au travers de l'hélice [1], il offrit son système à la section technique de l'aéronautique française; c'est ce dispositif qui fut généralisé par la suite.

---

(1) Brevet BIRKIGT N° 15.808, en date du 7 Octobre 1916.

Ensuite il imagina de placer une mitrailleuse, puis un canon sur un moteur à réducteur, étudié spécialement [1].

Le canon de 37 millimètres de calibre était placé dans le V formé par les cylindres, il tirait dans l'axe porte-hélice.

Cette idée, proposée à la Section Technique à la fin de 1915, fut repoussée.

Ce ne fut que bien plus tard qu'elle put être reprise, grâce à l'appui de Guynemer qui la fit réaliser.

Un premier moteur-canon fut construit pour lui, avec lequel il eut quelques succès ; malheureusement il fut tué à cette époque.

600 moteurs-canons furent construits par la suite.

Ils furent employés par les principaux as, dont Fonck, qui remporta avec l'un d'eux quelques-unes de ses victoires.

LE   300   CV

C'EST à la fin de juillet 1917 que la Hispano-Suiza sortit son moteur 300 CV (140 d'alésage, 150 de course) qui fut sa plus belle réalisation de la guerre. Il ne pesait que 250 kilos et donna comme puissance 340 CV au régime d'utilisation, mais sa plus grande qualité fut certainement sa robustesse.

Dès sa sortie il réussit du premier coup, et sans incident, un essai de 50 heures au banc.

L'usine fit alors un effort considérable pour le produire rapidement et en grande série. Malheureusement, la section technique de l'aviation ne vit pas immédiatement ses qualités et, pendant un an, elle lui fit faire des essais ; tous réussirent, dont plusieurs de 100 heures.

Les commandes ne vinrent que très tard et lorsque les moteurs sortirent en série, on s'aperçut que les cellules n'avaient pas été commandées pour les recevoir.

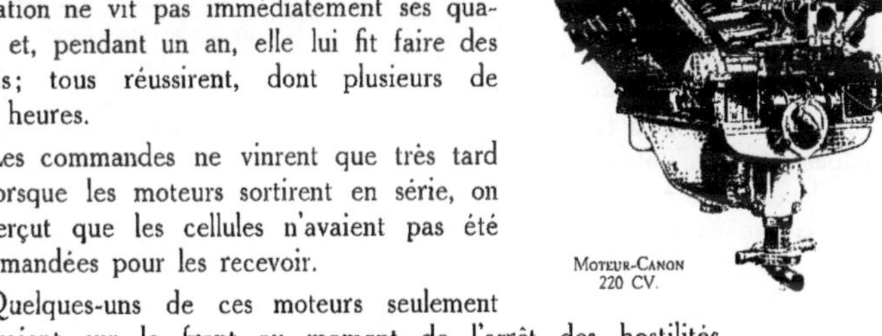

Moteur-Canon 220 CV.

Quelques-uns de ces moteurs seulement arrivaient sur le front au moment de l'arrêt des hostilités.

C'est le capitaine de Slade qui eut le premier, avec lequel il obtint 5 victoires officielles en quelques jours.

---

[1] Brevet BIRKIGT N° 503.174, en date du 27 Janvier 1917.

A la signature de l'armistice, une grande quantité d'appareils de tous types étaient en préparation avec le moteur 300 CV Hispano. Pour la chasse, il était installé sur les Spad, Sopwith, Nieuport, Sab, Borel, Decaen, de Marçay, Wickers, Bristol, Martinsyde, etc., et sur beaucoup d'autres appareils de reconnaissance de jour et de nuit et d'hydravions à 2, 3 et 4 moteurs.

Monoplan américain Lœrning M-8 muni d'un moteur 300 CV.

Tel qu'il a été réalisé avec sa mise en marche automatique, sa commande auxiliaire pour génératrice électrique et alimentation d'essence, ce moteur convenait à toutes les catégories d'avions de guerre, sur lesquels il devait jouer un rôle décisif.

Il semble également destiné, par ses qualités d'endurance, sa simplicité d'entretien et sa sûreté de marche, à rendre les meilleurs services dans l'aviation civile.

LE 350 CV

IMMÉDIATEMENT après la sortie du 300 CV, M. BIRKIGT décida d'établir un modèle à réducteur qui permettrait de placer entre les cylindres, un canon.

A sa demande, il fut créé un canon automatique qui fit sur le moteur de très bons essais à l'usine. L'ensemble, qui autorisait les plus grands espoirs, était encore en mise au point à la date du 11 novembre 1918.

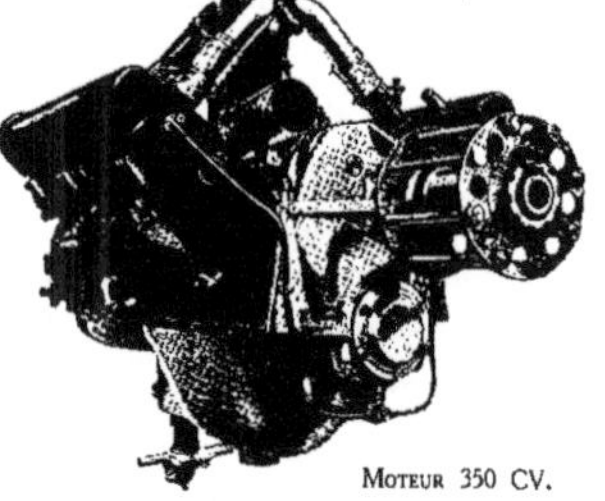

Moteur 350 CV.

RAISONS DU SUCCÈS DU MOTEUR D'AVIATION

AINSI qu'il a été indiqué déjà, c'est à la suite d'essais d'endurance exécutés comparativement avec les moteurs des autres marques — essais qui furent répétés des quantités de fois au cours de la fabrication en série — que la

Société Hispano-Suiza obtint ses premières commandes. Le Service des Fabrications de l'Aviation exigea des constructeurs un essai de 50 heures par 100 moteurs fabriqués. Près de 300 moteurs furent éprouvés de la sorte chez les différents constructeurs de moteurs Hispano. Les Usines de Bois-Colombes procédèrent à elles seules à 39 de ces essais et firent subir en outre aux premiers 300 CV, deux épreuves de 100 heures.

Mais à sa robustesse, le moteur Hispano ajoutait, entre autres qualités, celles d'être léger et peu encombrant, ce qui lui permit de pouvoir être monté sur tous les types d'avions, ceux de chasse notamment, sur lesquels les moteurs fixes n'avaient pu être adaptés pratiquement jusqu'alors. De plus, il était d'une grande simplicité, et beaucoup plus facile à construire que les principaux moteurs qui lui furent opposés, dont la plupart n'étaient que des copies du moteur allemand "Mercédès", compliqué et difficile à exécuter.

En 1916 et 1917, les Moteurs H.-S.
firent des essais au Lautaret et au Galibier
à 2.000 et 3.000 mètres d'altitude.

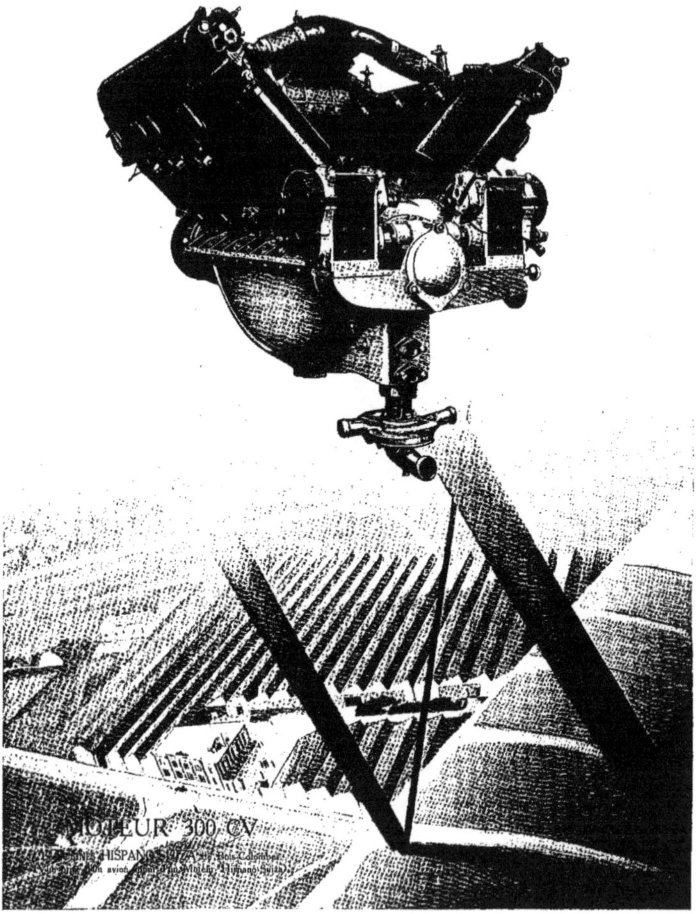

MOTEUR 300 CV
USINES HISPANO-SUIZA au Bois-Colombes
(Vue prise d'un avion muni d'un Moteur Hispano-Suiza)

LA FABRICATION

DU

MOTEUR HISPANO-SUIZA

NON seulement M. BIRKIGT créa le moteur Hispano-Suiza, mais il en étudia encore la fabrication rationnelle. Pour l'usinage de chaque pièce, il établit des montages et, pour certaines, même des machines spéciales.

Les constructeurs qui devinrent licenciés pour la fabrication du moteur Hispano-Suiza, comptent parmi les plus grands noms de l'Industrie.

En 1917, ils se constituèrent en groupement afin de s'aider mutuellement à produire mieux et en plus grande quantité.

C'est ainsi que la production dépassa, certains mois, 90 moteurs par jour en France seulement, où le nombre des moteurs construits fut de 35.189.

Avec les licenciés alliés et l'Usine de Barcelone, on arrive au total global formidable de près de 50.000 moteurs construits pendant la guerre. On peut dire qu'environ 50 % des moteurs fixes en service sur tous les fronts portaient la marque " Hispano-Suiza ".

Quelques chiffres du tonnage des matières premières employées donneront une idée de l'importance de cette fabrication.

28.000.000 de kilogrammes d'acier forgé ont été employés.

11.000.000 de kilogrammes d'aluminium ont servi à faire les carters et les culasses.

Pour les essais des moteurs fabriqués, il a été consommé plus de 18.000.000 de litres d'essence et plus de 70.000 ouvriers et ouvrières furent occupés dans des Usines dont les superficies totales dépassent 500.000 mètres carrés.

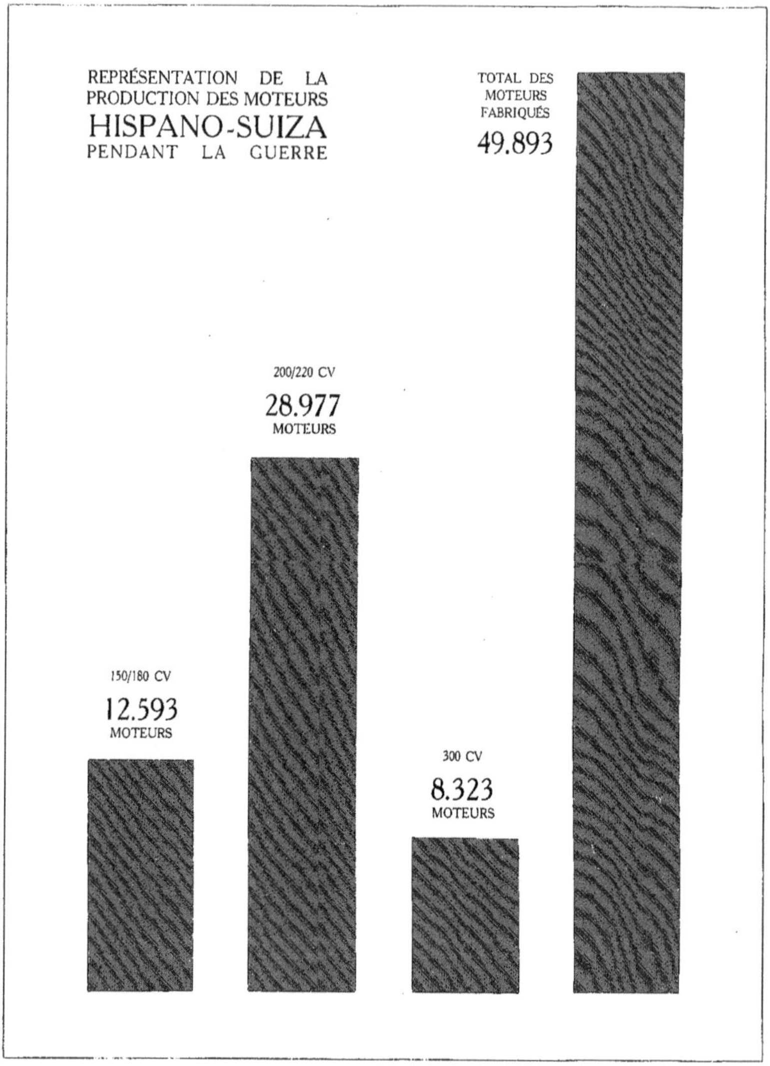

REPRÉSENTATION DE LA
PRODUCTION DES MOTEURS
HISPANO-SUIZA
PENDANT LA GUERRE

TOTAL DES
MOTEURS
FABRIQUÉS
49.893

200/220 CV
28.977
MOTEURS

150/180 CV
12.593
MOTEURS

300 CV
8.323
MOTEURS

LES CONSTRUCTEURS DU MOTEUR
HISPANO-SUIZA

FRANCE

SOCIÉTÉ ARIÈS
5, RUE BELGRAND .. .. PARIS

ÉTABLISSEMENTS ÉMILE MAYEN
150, QUAI DE CLICHY .. .. CLICHY

ÉTABLISSEMENTS BALLOT
BOULEVARD BRUNE .. .. PARIS

COMPAGNIE DE FIVES-LILLE
7, RUE MONTALIVET .. .. PARIS

AUTOMOBILES BRASIER
2, RUE GALILÉE .. .. IVRY-PORT

SOCIÉTÉ LEFLAIVE & Cie
LA CHALÉASSIÈRE. .. .. SAINT-ÉTIENNE

AUTOMOBILES CHENARD & WALCKER
RUE DU MOULIN-DE-LA-TOUR .. .. .. GENNEVILLIERS

AUTOMOBILES PEUGEOT
RUE DANTON.. .. .. LEVALLOIS

**AUTOMOBILES
DELAUNAY-BELLEVILLE**
RUE DE L'ERMITAGE. .. .. SAINT-DENIS

AUTOMOBILES S. C. A. P.
RUE VICTOR-HUGO .. .. COURBEVOIE

ÉTABLISSEMENTS DE DION-BOUTON
QUAI NATIONAL .. .. PUTEAUX

ÉTABLISSEMENTS VOISIN
BOULEVARD GAMBETTA.. .. .. ISSY-LES-MOULINEAUX

**AUTOMOBILES
DORIOT, FLANDRIN, PARANT**
BOULEVARD SAINT-DENIS.. .. .. COURBEVOIE

AUTOMOBILES HISPANO-SUIZA
RUE DU CAPITAINE-GUYNEMER.. .. .. BOIS-COLOMBES

ANGLETERRE

AUTOMOBILES WOOLSELEY .. .. BIRMINGHAM

AMÉRIQUE

WRIGHT MARTIN AIRCRAFT Manufactory Corporation C^o .. .. .. NEW-BRUNSWICK (New-Jersey)

ITALIE

ITALA .. .. Corso Orléassano, TORINO
NAGLIATI .. .. Via Milognano, FLORENCE
S. C. A. T. .. .. Corso Francia, TORINO

JAPON

MITSUBISHI GOSHI KAISHA.. .. .. TOKIO, KOBÉ

ESPAGNE

Automobiles HISPANO-SUIZA .. .. Carretera de Ribas, BARCELONE

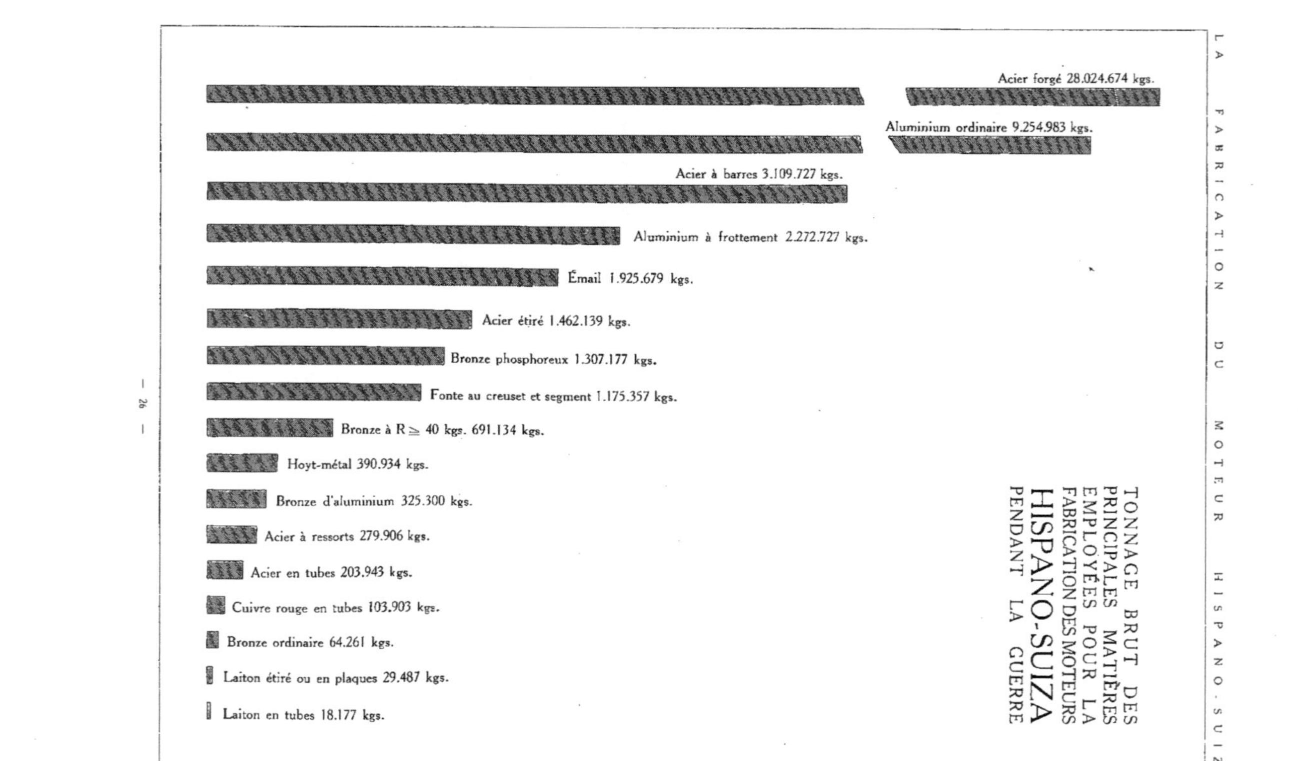

Acier forgé 28.024.674 kgs.
Aluminium ordinaire 9.254.983 kgs.
Acier à barres 3.109.727 kgs.
Aluminium à frottement 2.272.727 kgs.
Émail 1.925.679 kgs.
Acier étiré 1.462.139 kgs.
Bronze phosphoreux 1.307.177 kgs.
Fonte au creuset et segment 1.175.357 kgs.
Bronze à R ≧ 40 kgs. 691.134 kgs.
Hoyt-métal 390.934 kgs.
Bronze d'aluminium 325.300 kgs.
Acier à ressorts 279.906 kgs.
Acier en tubes 203.943 kgs.
Cuivre rouge en tubes 103.903 kgs.
Bronze ordinaire 64.261 kgs.
Laiton étiré ou en plaques 29.487 kgs.
Laiton en tubes 18.177 kgs.
TONNAGE BRUT DES PRINCIPALES MATIÈRES EMPLOYÉES POUR LA FABRICATION DES MOTEURS HISPANO-SUIZA PENDANT LA GUERRE

VUES
DE
QUELQUES USINES
AYANT FABRIQUÉ
LE MOTEUR
HISPANO-SUIZA

Préparation des carters
Usinage des culasses
Vue générale des
USINES DE LA
WRIGHT MARTIN
Cᵒ
à New-Brunswick,
U. S. A.
Bancs d'essai.

Usines WRIGHT MARTIN
à New-Brunswick, U. S. A.

L A   F A B R I C A T I O N   E N   A N G L E T E R R E

Usines WOLSELEY, Birmingham. — Ateliers de montage des moteurs Hispano-Suiza.

Usines SCAT,
Turin.
Ateliers durant la
fabrication
des moteurs
Hispano-Suiza.

Usines ITALA,
Turin.
Vues intérieures durant la fabrication
du moteur Hispano-Suiza.

Usines
MITSUBISHI
à Kobé (Japon).

Hall de montage
des moteurs
Hispano-Suiza.

Bureau de dessin.

Ateliers des tours.

L A   F A B R I C A T I O N   E N   E S P A G N E

Ateliers des Usines HISPANO-SUIZA, de Barcelone.

ÉTABLISSEMENTS ÉMILE MAYEN
à Clichy.

La plus importante usine
du département de la Seine,
construite pendant la guerre,
s'est consacrée exclusivement
à la fabrication du moteur H.-S.

Ateliers des USINES
PEUGEOT, à Levallois,
durant la fabrication du
moteur Hispano-Suiza.

Atelier de montage.

Bancs d'essai.

Usines de la
Cⁱᵉ FIVES-LILLE
à Givors (Rhône).

ETABLISSEMENT VOISIN, à Issy-les-Moulineaux.
Vues intérieures durant la fabrication des moteurs Hispano-Suiza.

Quelques Ateliers de
l'Usine HISPANO-SUIZA
de Bois-Colombes.

LE

MOTEUR HISPANO-SUIZA

SUR

LES AVIONS

LES deux facteurs les plus importants en Aviation de guerre, sont, hormis l'armement, la vitesse en plan horizontal et la rapidité en montée. A poids égal, le moteur Hispano-Suiza permit aux avions d'aller plus vite et de monter plus haut.

Les appareils de chasse les plus rapides atteignaient à peine 180 kilomètres à l'heure, quand parut sur le front le "Spad" portant un moteur Hispano-Suiza 150 CV, dont la vitesse, avec tout son armement, était de 200 kilomètres à l'heure.

Cette vitesse fut portée à 212 avec le 180 CV, à 223 avec le 220 CV, et à 240 avec le 300 CV.

Les appareils ennemis les plus rapides ne dépassèrent jamais 200 kilomètres à l'heure, même à la fin de la guerre.

C'est ainsi que, dès l'emploi du moteur Hispano-Suiza, l'aviation alliée prit une supériorité qui devint chaque jour de plus en plus importante car, grâce à sa simplicité et à la facilité de sa fabrication, on put construire ce moteur en très grandes séries et le monter sur un nombre considérable d'appareils.

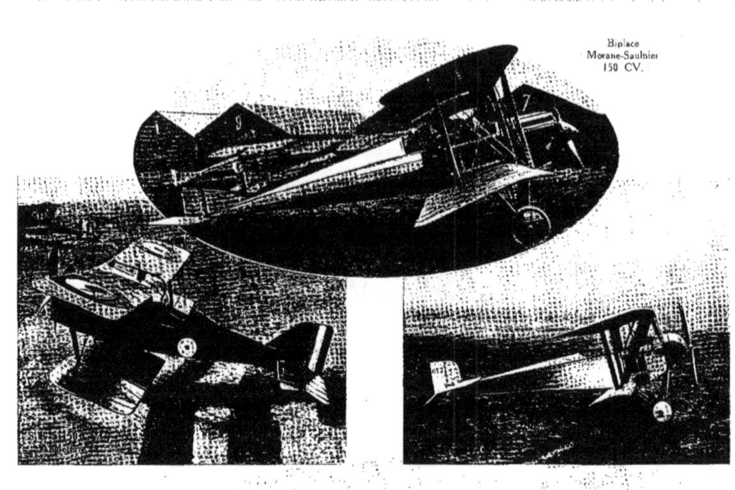

Biplace
Morane-Saulnier
150 CV.

Spad 150 CV.

Vedette Zodiac
150 CV.
Caudron 2 moteurs
150 CV.

Eiffel-Bréguet
180 CV.
Spad
180 CV.
Bernard
180 CV.

Sopwith 200 CV
Angleterre.

Biplace Nieuport
200 CV.

Sopwith 220 CV
Angleterre.

Spad biplace
220 CV.

S.E. 5. 220 CV
Angleterre.

S.E. 5. 200 CV "Viper"
Angleterre.

Tellier 200 CV.
Georges R X
Besson triplan
200 CV.

Blériot 4 moteurs
200 CV
Voisin 4 moteurs
220 CV

Spad XIII, 220 CV.
Nieuport, 220 CV.
Wibault - Boccacio 220 CV.
Spad hydro-canon 220 CV.
Spad projecteur pour la chasse de nuit.

Avion 300 CV
Aviatione
Nieuport 300 CV
S.A.B. 300 CV.
Spad 300 CV
à cellule en flèche.
Spad-Herbemont
300 CV.

F B A 300 CV.

4 Moteurs 300 CV
Blériot.
Thomas Morse
Ithaca, N.-Y.
Loening 300 CV
U. S. A.
Loening
U. S. A.

Wibault, 220 CV.
Borel-Boccacio, Biplace 300 CV.
Donnet-Denhaut 200 CV.
Borel-Odier, 2 moteurs 200 CV.
Avion Amphibie Schreck, 1917.

Blériot mammouth
4 moteurs 300 CV.

GRANDS CHEFS DE L'AVIATION FRANÇAISE

PILOTES DU MOTEUR HISPANO-SUIZA

LES GLOIRES
DES AVIATIONS
FRANÇAISE ET ALLIÉES
AYANT ABATTU
AU MOINS
10 AVIONS ENNEMIS
ET EMPLOYÉ
LE MOTEUR
HISPANO-SUIZA

CEUX QUI SONT TOMBÉS

.... Heureux qui, pour la gloire ou pour la liberté
Dans l'orgueil de la force et l'ivresse du rêve
Meurt ainsi, d'une mort éblouissante et brève!...

(LA MORT DE L'AIGLE).
J.-M. DE HÉRÉDIA.

CEUX QUI SONT TOMBÉS

FRANÇAIS

Capitaine GUYNEMER	54 victoires
Sous-Lieutenant BOYAU	35 victoires
Sous-Lieutenant COIFFARD	34 victoires
Sous-Lieutenant DORME	23 victoires
Lieutenant GUÉRIN	23 victoires
Lieutenant CHAPUT	16 victoires
Sous-Lieutenant DEMEULDRE	13 victoires
Adjudant LENOIR	11 victoires
Adjudant MONTRION	11 victoires
Sous-Lieutenant QUETTE	10 victoires

BRITANNIQUES

Captain MANNOCK	73 victoires
Captain ALBERT BALL	43 victoires
Captain BRUNWIN HALES	27 victoires
Captain FRANCIS Mc CUBBEN	23 victoires
Captain GEORGE THOMSON	21 victoires
Captain J. L. TROLLOPE (six en un jour)	18 victoires
Lieutenant LEONARD M. BARLOW	17 victoires
Lieutenant CLIVE F. COLLETT	15 victoires
Captain H. G. REEVES	13 victoires
Captain NOEL W. W. WEBB	12 victoires

AMÉRICAINS

Lieutenant FRANCK LUKE	18 victoires
Major RAOUL LUFBERY	17 victoires
Sous-Lieutenant BAYLIES	12 victoires
Lieutenant PUTNAM	10 victoires

ITALIENS

Major BARACCA	34 victoires
Lieutenant OLIVARI	18 victoires

La règle que nous avons adoptée de réserver ce chapitre aux pilotes ayant au moins 10 victoires, ne nous a pas permis d'y faire figurer les noms des GARROS, DE BEAUCHAMPS, LE COURT-GRANDMAISON, MATTON, DOUMER, DEGUINGAMP et tant d'autres morts au combat, en utilisant nos moteurs. Nous leur rendons un pieux hommage.

Capitaine

GEORGES GUYNEMER

54 VICTOIRES

MORT AU CHAMP D'HONNEUR LE 11 SEPTEMBRE 1917

SA DEVISE

Faire face

« Héros légendaire, tombé en plein Ciel de Gloire, après trois ans de
« lutte ardente ; restera le plus pur symbole des qualités de la race :
« ténacité indomptable, énergie farouche, courage sublime.
« Animé de la Foi la plus inébranlable dans la Victoire, il lègue au
« Soldat Français un souvenir impérissable qui exaltera l'esprit de sacrifice
« et les plus nobles émulations. » *(26e Citation).*

Capitaine GEORGES GUYNEMER
1894-1917
54 VICTOIRES — MORT AU CHAMP D'HONNEUR

NÉ à Paris, le 24 décembre 1894, d'une antique famille qui avait fourni, au cours des âges, de hardis combattants.

Le nom de GUYNEMER figure dans la « Chanson de Roland »; un chevalier GUY-NEMER se battit en Terre Sainte sous Baudouin de Flandre en l'an 1097. Un autre est au nombre des signataires du traité de Guérande, qui, en 1365, mit fin à la guerre de succession de Bretagne.

Sous le Premier Empire, trois GUYNEMER, trois frères, servaient aux armées : l'un, officier de marine, mourut des suites de ses blessures reçues à Trafalgar ; le second fut tué à Vilna ; le troisième, engagé à seize ans, prit part aux guerres d'Espagne et fut décoré, à vingt et un ans, de la Légion d'Honneur pour une action d'éclat au passage de la Bidassoa.

Dès la déclaration de guerre, GEORGES GUYNEMER demanda à s'engager : une fois à Compiègne et deux fois à Bayonne, où il s'était rendu avec sa famille. Il fut ajourné à cause de son apparence si frêle.

C'est le 23 novembre 1914 qu'il fut enfin admis, grâce à une lettre de recommandation et à une insistance inlassable, à contracter un engagement volontaire pour la durée de la guerre, dans l'aviation, à Pau, comme élève mécanicien.

« D'histoires moins extraordinaires que celle de Georges Guynemer, l'antiquité a composé ses plus beaux mythes; le Moyen Age, ses légendes et ses épopées. La postérité n'aura qu'à lire les récits de cette brève existence pour y trouver une plus longue suite d'actions sublimes que dans toutes les œuvres enfantées par l'imagination des hommes. »

(Discours au Panthéon). R. POINCARÉ.

Il se fit de suite remarquer par son application et son adresse ; tout enfant déjà, sa grande distraction était la mécanique, et depuis longtemps le problème de la conquête de l'air, de l'essor à travers les grands espaces du ciel, captivait son attention. Son rêve était de mener à la bataille les grands oiseaux aux ailes blanches ; serait-il condamné à rester mécanicien ?

Le 25 juin 1915, ses vœux sont exaucés : il commence son apprentissage. Breveté pilote en avril et promu caporal le 8 mai, après un court séjour au Bourget, à la Réserve Générale de l'Aviation, il arrive, le 8 juin, à l'*Escadrille des Cigognes*, où il est affecté.

Peu à peu, le « gosse » — ainsi l'avait-on baptisé — révèle son étonnant sang-froid sa maîtrise supérieure de lui-même. Toutes les nuits, il se levait à 2 heures, se rendait auprès du hangar qui abritait les appareils, examinait attentivement le ciel et se préparait à sortir le premier. On souriait un peu à voir son air absorbé et tant de sérieux si drôlement uni à tant de jeunesse.

« Qu'est-ce qu'il fait le gosse ? disait-on. — Il attend son boche ? — Oui ! répondait Guynemer, je l'attends et je l'aurai. »

Le 19 juillet, au matin, avec son mécanicien Guerder comme mitrailleur, après un combat de dix minutes à quinze mètres de distance, il obtint sa première victoire qui lui valut sa première citation et la médaille militaire

Durant cette année 1915, deux missions des plus périlleuses lui furent confiées : chaque fois on avait vu se présenter comme volontaire ce petit enfant si étrangement jeune, et en même temps si résolu.

Et les combats succédèrent aux combats, les victoires aux victoires, sur son avion qu'il a baptisé *" Vieux Charles "*, et qui porte sur sa carlingue une cigogne aux ailes déployées.

Le 24 décembre 1915, jour où il atteignait ses vingt et un ans, GUYNEMER fut fait chevalier de la Légion d'Honneur, avec la citation suivante :

Quatrième citation. — « *Pilote de grande valeur, modèle de dé-*
« *vouement et de courage. A rempli, depuis six mois, deux missions*
« *spéciales exigeant le plus bel esprit de sacrifice, et livré treize*
« *combats aériens, dont deux se sont terminés par l'incendie et la*
« *chute des avions ennemis.* »

En mai 1916, GUYNEMER passa à l'armée de Verdun, où il obtint cette citation :

5 juin 1916. — « *Désigné pour rejoindre l'armée de Verdun, a*
« *abattu un avion ennemi en cours de route. Aussitôt arrivé, a livré*
« *successivement cinq combats aériens. Au cours du dernier, aux*
« *prises avec deux avions ennemis, a eu le bras gauche traversé par*
« *deux balles. A peine guéri, a repris son service sur le front.* »

En juillet, nous le trouvons sur le front de la Somme : c'est à ce moment qu'apparut, dans cette région, le premier avion de chasse portant un moteur fixe : Le SPAD-HISPANO 150 CV. GUYNEMER comprit aussitôt le parti qu'il pouvait en tirer et, rompant avec la routine, il demanda pour lui un appareil de ce type, qu'il eut rapidement, et avec lequel, à sa deuxième sortie, il obtint une victoire, sa dixième. Il ne devait plus quitter ce type d'appareil et il travailla beaucoup à le perfectionner.

Le 31 décembre 1916, il fut promu lieutenant à titre définitif. En 1917, en Lorraine, le rythme de ses victoires s'accélère ; elles se rapprochent, se précipitent les unes à la suite des autres, comme dans une course épique à la gloire. En trois jours, avec l'appareil portant le premier moteur Hispano 180 CV. il est cinq fois victorieux. Il aura du reste, avec ce même appareil, exposé à présent aux Invalides, dix-neuf victoires.

Le 8 février, il combat contre un triplace armé de cinq mitrailleuses et l'oblige à atterrir dans nos lignes : c'est son trente et unième avion descendu, et comme récompense il est nommé capitaine le 18 février 1917, à vingt-deux ans !...

Il fit à ce moment un court séjour en arrière pour travailler à la mise au point d'un appareil muni d'un moteur 220 CV Hispano, portant un canon tirant au travers de l'hélice, qu'il avait pu faire réaliser, grâce à son opiniâtreté ; puis il retourna au front pour l'offensive du printemps.

Le 25 mai, il se surpassa et remporta la plus mémorable de ses victoires : quatre avions abattus dans la même journée.

Cet exploit lui valut le grade d'officier de la Légion d'Honneur, avec la citation suivante :

Vingt-troisième citation (11 juin 1917). — « *Officier d'élite,*
« *pilote de combat aussi habile qu'audacieux. A rendu au pays*
« *d'éclatants services, tant par le nombre de ses victoires que par*
« *l'exemple quotidien de son ardeur toujours égale et de sa maîtrise*
« *toujours plus grande. Insoucient du danger, est devenu, pour*
« *l'ennemi, par la sûreté de ses méthodes et la précision de ses*
« *manœuvres, l'adversaire entre tous.*

« *A accompli, le 25 mai 1917, un de ses plus brillants exploits en*
« *abattant, en une seule minute, deux avions ennemis, et en remportant,*
« *dans la même journée, deux nouvelles victoires. Par tous ces exploits,*
« *contribue à exalter le courage et l'enthousiasme de ceux qui, des*
« *tranchées, sont les témoins de ses triomphes. Quarante-cinq avions*
« *abattus. Vingt citations. Deux blessures.* »

A la date du 30 août 1917, ses états de service mentionnaient cinquante-trois avions abattus ; vingt-cinq citations à l'ordre de l'armée, deux blessures. Le nombre de ses victoires était d'ailleurs bien supérieur au total de celles officiellement enregistrées et devait dépasser la centaine. Son ascendant sur les troupes était irrésistible : il était, par son exemple et sa seule apparition, un merveilleux entraîneur d'hommes. A sa vue, les soldats étaient transportés, soulevés d'un magnifique élan d'enthousiasme. Lors des grandes attaques, il partait sur son appareil, à faible hauteur, vers les positions ennemies, devançant les vagues d'assaut d'infanterie, qui bondissaient à sa suite.

Malgré son extraordinaire vitalité, sa rare endurance que ne trahissait pas son extérieur frêle, plus de deux années de présence aux armées, des vols quotidiens ayant atteint parfois dix heures, avaient usé sa résistance. Si sa vigueur morale était intacte, ses forces physiques s'épuisaient, mais son sentiment du devoir était tel qu'il méprisait tout repos.

Chacun de ses exploits avait été un défi à la mort : huit fois il avait été descendu lui-même en arrière des lignes françaises. Le 13 mars 1916, criblé de balles par son adversaire, il avait reçu deux projectiles dans le bras gauche, tandis que des parcelles de son appareil, émietté par la rafale, lui criblaient le visage.

Le 23 septembre, en livrant combat à un groupe de trois avions, après en avoir abattu deux (dix-septième et dix-huitième) et mis le troisième en fuite, il reçut dans son avion un obus de plein fouet : son appareil piqua de 3.000 mètres, et ce ne fut qu'au prix d'un prodige d'adresse qu'il put se redresser au sol où il capota, et n'être que légèrement blessé.

A force de le voir narguer le péril, on pouvait le croire invulnérable. Depuis les derniers jours d'août 1917, il se trouvait dans les Flandres pour l'offensive franco-britannique : le 6 septembre, il remportait son cinquante-quatrième succès.

Le 11 dans la matinée, il partait en reconnaissance. Vers 9 heures 35, d'après le témoignage de son compagnon de patrouille, le lieutenant Bozon-Verduraz, il apercevait un appareil ennemi, il fonçait droit sur lui, avec sa fougue coutumière. Tout à coup, de la brume, plusieurs avions allemands surgissaient. Le lieutenant Bozon-Verduraz, se rendant compte du péril couru par GUYNEMER, attaquait hardiment les nouveaux adversaires qu'il parvenait à disperser. Puis il se mettait à la recherche de son camarade, sillonnait la mer de nuages, il interrogeait l'horizon : mais GUYNEMER et son avion avaient disparu.

« Jusque dans le mystère tragique dont s'entourèrent
« ses derniers instants, écrit un de ses camarades d'armes,
« M. Renaud de la Frégolière, la gloire, dont il était l'enfant
« chéri, fut magnanime envers lui et l'emporta dans ses ailes.
« Les mers du ciel, étrangement fascinantes, qui l'avaient
« si souvent bercé, ont déroulé sur lui ses impénétrables
« vagues de brume, comme pour dérober à la terre l'enfant
« qui leur appartenait. »

Ainsi s'achevait dans l'apothéose d'un combat aérien, la carrière de GUYNEMER, éblouissante de jeunesse et d'héroïsme.

Lieutenant MAURICE BOYAU
1888-1918
35 VICTOIRES — MORT AU CHAMP D'HONNEUR

L E lieutenant MAURICE BOYAU naquit à Mustapha (Algérie), le 8 mai 1888. C'était, dans toute l'acception du terme, un sportif. Avant la guerre, en dehors de la boxe, de la course à pied, du saut, etc..., qu'il pratiquait avec ferveur, il affirma sa supériorité au "football" : l'équipe internationale de rugby l'avait choisi pour capitaine.

Au début des hostilités, d'abord automobiliste d'armée, il passa ensuite, sur sa demande, dans l'aviation : son brevet vite obtenu, on le nomma moniteur à Buc, d'où il partit au front comme caporal, avec la N. 77 nouvellement formée.

Le 16 mars 1917, il abattait son premier avion ennemi au bois de Mortmare, et le 23 il allait bombarder l'aérodrome de Marimbois, près de Thiaucourt, ce qui lui valait sa première citation.

Le 23 mai il attaquait son premier drachen, mais, pendant que son observateur sautait en parachute, le ballon pouvait être ramené au sol.

Le 3 juin, en compagnie de Sardier, il gagnait sa deuxième citation ; le surlendemain, ayant été contraint d'atterrir dans les lignes ennemies, il réussissait heureusement à regagner les nôtres, ce qui lui valait la médaille militaire.

Troisième citation. — (Médaille militaire). « Pilote de chasse « d'une audacieuse bravoure. A descendu un avion et un drachen. Le « 5 juin 1917, a de nouveau détruit un drachen. Contraint à « atterrir en territoire ennemi, a remis son appareil en marche sous « le feu d'auto-canons, et a passé les lignes à 200 mètres d'altitude. »

Le 24 juin, premier doublé avec le sergent Boillot et le sous-lieutenant d'Hautefeuille : il incendiait un drachen ; puis, pour dégager un camarade en danger, il s'attaquait à cinq avions ennemis, en abattait un et mettait les autres en fuite.

Le 13 juillet, à Nancy, il descendait son cinquième avion et obtenait cette citation :

« Pilote hors ligne. Chaque jour, en monoplace, chasse, bombarde, photographie. Le 13 juillet 1917, a abattu un avion allemand (cinquième victoire remportée par ce pilote). »

Au mois d'août, le bruit de sa mort courut à deux reprises. On apprenait qu'il venait de bombarder la gare de Fresnes-en-Saulnois, en compagnie d'Hautefeuille, Sardier et Rebourg. Le lendemain, il renouvelait son exploit sur Frescati et la gare d'Hampont.

Boyau obtenait le galon de sous-lieutenant avec la citation suivante :

Les 23 et 24 août, a exécuté en monoplace trois bombardements de terrains d'aviation ennemis à une altitude inférieure à 300 mètres. Le 26 août, a attaqué successivement trois "drachens" ennemis, forçant les observateurs à sauter en parachute. A poursuivi l'un des ballons jusqu'à 200 mètres du sol et l'a incendié (sixième appareil abattu). »

Au mois d'octobre, il recevait la croix de la Légion d'Honneur :

Huitième citation (Légion d'Honneur). — « Pilote d'une audace exceptionnelle, qui fait preuve d'une incomparable maîtrise, tant dans la chasse que dans la reconnaissance, la photographie ou le bombardement à faible altitude. Dès le 1ᵉʳ octobre 1917, a abattu dans nos lignes un avion ennemi.

Depuis le 16 mars 1917, a abattu six "drachens" et quatre avions ennemis et exécuté trois bombardements audacieux à très faible altitude. Déjà médaillé militaire et sept fois cité à l'ordre pour action d'éclat. »

Le 29 mai 1918, il voit tomber un de nos Bréguet de reconnaissance. Il le venge, le même jour, par un triplé. Du 28 mai au 4 juin il descend cinq avions et deux "drachens" :

Dixième citation (Juin). — « Officier d'une bravoure et d'une audace magnifiques, qui s'est illustré à maintes reprises au cours de la campagne par son absolu mépris du danger et son habileté hors de pair. Après avoir abattu pendant les derniers combats un avion ennemi, s'est attaqué quelques jours après à trois "drachens", a réussi à en détruire deux qui sont tombés en flammes, et a contraint le troisième à regagner le sol. A ainsi remporté ses dix-septième et dix-huitième victoires. »

Succès et citations se suivent rapidement :

« Officier d'une magnifique bravoure et de la plus haute valeur morale. Virtuose de la chasse », dit sa onzième citation.

Douzième citation (juin 1918). — « Officier d'une bravoure incomparable, pilote de chasse animé du patriotisme le plus ardent. Modèle d'énergie et d'audace pour tous les pilotes du groupe qu'il entraîne par son exemple et étonne par sa modestie. Le 27 juin, a abattu, en quelques instants, un "drachen" ennemi et l'avion qui le protégeait (vingt et unième et vingt-deuxième victoires). »

Le 5 juillet, en compagnie de Haegelen, il réussissait un doublé et, le 22, près de Fresnes, un triplé avec le sergent Guerrier.

Après sa vingt-huitième victoire, il est promu officier de la Légion d'Honneur avec cette magnifique citation :

Quinzième citation (Juillet ; Officier de la Légion d'Honneur). — « Pilote le plus brave, athlète le plus complet, dont les merveilleuses qualités physiques sont mises en action par l'âme la plus belle et la volonté la plus haute. Officier magnifique, animé du plus pur patriotisme et du plus admirable esprit de sacrifice. Illustre l'aviation française tant par le nombre et la variété de ses succès que par la régularité et la simplicité de son glorieux effort.

« Remarquablement doué, a excellé dans toutes les branches de l'aviation : reconnaissance, photographie en monoplace, bombardement à faible altitude, et s'est classé en quelques mois parmi les premiers pilotes de chasse. A remporté vingt-huit victoires officielles en abattant seize "drachens" et douze avions ennemis. Médaillé militaire et chevalier de la Légion d'Honneur pour faits de guerre. Quatorze citations. »

Boyau n'arrêtait pas là le cours de ses exploits : le 11 août, nouveau doublé à Ressous-sous-Matz. Rentrant de permission le 13 septembre, il rejoignait son escadrille à 2 heures... et à 4 heures il partait en croisière, livrant combat à six avions ennemis et atterrissait loin de son aérodrome, son appareil fortement atteint. Le lendemain, il abattait un "drachen", et le surlendemain il portait le nombre de ses victoires à trente-cinq.

Le 16, à 10 heures du matin, il partait avec le caporal Walla, attaquait un "drachen" à 10 kilomètres dans les lignes allemandes et se voyait, soudain, entouré par sept avions ennemis. Son SPAD, incendié par les balles, tombait en vrille ; un moment il semblait se redresser..., puis il s'écrasa sur le sol.

BOYAU, un de nos plus remarquables chasseurs, était mort, après avoir remporté trente-cinq victoires ! (vingt "drachens" et 15 avions).

Le plus bel hommage que nous puissions offrir à la mémoire du grand "As" est de publier les lignes suivantes qui nous furent adressées par le capitaine de l'Hermite, commandant le G. C. 17, dont BOYAU faisait partie :

« Du sous-lieutenant BOYAU, que vous dirai-je qui soit digne de la mémoire de ce grand soldat, de ce héros vraiment admirable et dont la bravoure n'a probablement jamais été égalée ?

« Il est venu à l'escadrille 77 en 1916, lors de la formation de cette unité que j'ai eu l'honneur de commander pendant quelques mois.

« Boyau a été l'âme de mon escadrille, comme il a été l'âme de mon groupe.

« C'était un apôtre aussi modeste que désintéressé, ne songeant qu'à ses camarades et jamais à lui-même.

« Que de fois je l'ai vu conseiller les uns, encourager les autres, emmener les jeunes au combat et s'effacer au dernier moment pour leur donner l'occasion, et même parfois l'illusion, d'une victoire.

« Nous l'avons cru invulnérable, car il avait su sortir indemne des épreuves les plus dures.

« Hélas ! son tour est venu, et sa fin a été magnifique comme son œuvre d'aviateur.

« Il est mort en pleine gloire, frappé par une balle, au moment où il venait d'incendier un "drachen". C'était sa trente-cinquième victoire !

« Et le grand Français ne voit pas la victoire ! Il n'est pas à nos côtés, à cette heure grandiose qu'il est, pourtant, un de ceux à avoir préparée. »

Capitaine DE L'HERMITTE,
commandant le G. C. 17.

SOUS-LIEUTENANT COIFFARD
1892-1918
34 VICTOIRES — MORT AU CHAMP D'HONNEUR

MICHEL COIFFARD, dont les rapides succès dans l'aviation furent un étonnement pour tous, naquit à Nantes, le 16 juillet 1892. Engagé dans l'artillerie d'Afrique en 1910, il fit campagne en Tunisie en 1911 et au Maroc de 1911 à 1914, où il gagna trois blessures et trois citations.

Dès le début de la guerre, il se distingue par son courage. Cité à l'Ordre de l'Armée en août 1914, et nommé maréchal des logis le 29, il obtenait un mois après la citation suivante :

« Le 10 septembre, blessé d'un éclat d'obus à la tête, et fortement « contusionné aux reins, n'a pas voulu se faire panser avant d'avoir « rendu compte de sa mission à son commandant de groupe. A la suite « de cette blessure, a été évacué et n'a pas attendu sa complète guérison « pour rejoindre le front.

« Le 28 septembre, a été chercher sous le feu de l'ennemi une pièce « d'artillerie, dont tous les conducteurs avaient disparu, et l'a ramenée « en nos lignes. »

Le 21 juin 1915, il recevait la Médaille militaire :

« Le 29 mai, étant observateur d'artillerie dans les tranchées sou- « mises à un bombardement extrêmement violent d'artillerie lourde et « d'engins de tranchées, s'est offert spontanément à servir d'agent de « liaison téléphonique entre l'artillerie et l'infanterie, la liaison « téléphonique d'artillerie ayant été détruite par le feu de l'ennemi. « Puis la liaison téléphonique d'infanterie ayant été rompue à son tour, « s'est porté le long de la ligne d'artillerie et en a effectué heureusement « la réparation sur un terrain battu par des projectiles de 105 et 150.»

Trouvant que l'on ne courait pas assez de danger dans l'artillerie, il passait au 13e bataillon de chasseurs à pied. Le 19 août 1915, il se distinguait à Maurepas, où il recevait de graves blessures (notamment une perforation de l'intestin par éclat d'obus) qui lui valaient sa cinquième citation :

(19 août 1916) — *« A tenu avec quelques hommes dans un élément « de tranchée où il avait pris pied, jusqu'à l'épuisement de ses muni- « tions. Ayant alors fait replier ses chasseurs, est parti le dernier après « avoir tiré ses dernières cartouches sur le groupe ennemi qui l'attaquait. »*

Reconnu inapte en raison de ses onze blessures, il deman- dait à passer dans l'aviation. Il quittait les chasseurs le 11 jan- vier 1917, était breveté le 19 avril, et le 28 juin était affecté à une escadrille.

Adjudant le 5 novembre, sous-lieutenant le 14, sa troi- sième victoire, le 2 février 1918, lui valait la croix de la Légion d'Honneur avec le motif suivant :

« Vaillant officier, modèle de courage, d'élan et de dévouement. « Blessé quatre fois dans l'infanterie, est entré dans l'aviation où il « a confirmé ses brillantes qualités militaires A abattu, le 2 février « 1918, au cours d'un combat particulièrement dur, son troisième avion « ennemi. Médaille militaire pour faits de guerre, six citations. »

Le 30 juin 1918, COIFFARD restait avec ses trois victoires ; le 21 juillet, il en avait dix-sept !

Il s'était, comme Boyau, spécialisé dans la descente des "drachens", et allait au combat avec une fougue toute juvénile.

Remplaçant, comme chef d'escadrille, le capitaine Lahoulle, grièvement blessé, le 12 octobre, COIFFARD comptait trente-quatre victoires officielles, dont vingt-huit "drachens". Quinze jours après, il n'était plus.

Le 27 octobre 1918, il était blessé mortellement à Saint- Loup, en Champagne, au cours d'une mission de protection de reconnaissance photographique. Le siège de son SPAD avait été traversé, les commandes de direction coupées, et lui-même avait eu la cuisse traversée, en même temps qu'une autre balle lui entrait par le dos et lui ressortait par le ventre. Il avait quand même l'énergie, perdant tout son sang, de ramener son appareil dans nos lignes et d'atterrir correctement.

Transporté à l'ambulance, il y mourait trois heures après.

Le lendemain de sa mort, arrivait l'avis de sa promotion au titre d'officier de la Légion d'Honneur.

Sous-Lieutenant DORME
1894-1917
23 VICTOIRES — MORT AU CHAMP DHONNEUR

RENÉ DORME naquit le 30 février 1894 à Aix-Abaucourt, près de Verdun.

Après avoir fait ses études à Briey, il fut clerc d'avoué.

Engagé, en 1913, au 7ᵉ groupe d'artillerie à pied, à Bizerte, la guerre l'y trouva maréchal des logis.

L'armée demandant des volontaires pour l'aviation, DORME se présenta et fut accepté. Le 9 décembre 1914, il quittait Bizerte pour Bron.

Le 1ᵉʳ février 1915, il était envoyé à Buc, comme observateur sur Caudron; le 13, il partait pour l'école de Pau. Breveté le 24 avril, il faisait, le 30, sa première sortie sur Blériot, et quittait l'école le 5 mai avec cette note du directeur, le capitaine Collard : « Très bon élève, réfléchi, calme et adroit. Doit faire un excellent pilote. » Breveté militaire le 5 juin 1915, il était envoyé à l'escadrille C. 94 à Villa-

coublay d'abord, puis au C. R. P. où il fit — c'était l'époque des zeppelins — de nombreuses rondes sur Paris.

Après un entraînement sur G. 4 en septembre, il proposa au commandant, d'accord avec trois de ses amis : Raty, Guiguet et Cazabonne, d'effectuer des vols de nuit. Ces vols, étant considérés comme très dangereux, ne se faisaient qu'exceptionnellement. Une nuit, à l'atterrissage, il fit une chute qui le conduisit à l'hôpital et ne lui permit de reprendre son service que le 1ᵉʳ mars.

Le 13, pour la première fois, il poursuivait un avion ennemi, sans résultat ; mais le 3 avril, dans un combat contre six " L. V. G. ", il en abattait un (qui d'ailleurs ne fut pas homologué) au-dessus de Tracy-le-Val. Le compte rendu des opérations aériennes du 3 avril dit simplement :

« *Camp retranché de Paris, cinq rondes sur le front. Le pilote D...* »

« *rencontre six appareils ennemis, les attaque : cinq font demi-tour*
« *le sixième paraît tomber en vrille dans ses lignes.* »

Le 4 mai 1916, il obtenait, avec la Croix de guerre, sa première citation :

« *DORME René, adjudant pilote de l'escadrille N. 95. Excellent*
« *pilote, plein d'allant et de sang-froid : Au cours d'un vol de barrage*
« *a attaqué un avion allemand et l'a forcé à piquer dans ses lignes*
« *absolument désemparé.* »

Le 25 juin, il était affecté à la N 3, la célèbre escadrille des Cigognes.

Il tenait, selon sa pittoresque expression, à " manger du Boche ", tant il avait dans son cœur de Lorrain la haine de l'ennemi. Il l'écrivait à ses parents le 8 août 1916 :

« *La guerre dont nous subissons les malheurs, était nécessaire pour*
« *conserver à la France sa dignité et son indépendance... La France*
« *vaincra parce qu'elle lutte pour la bonne cause. Cette cause est sacrée.*
« *C'est mon cœur de Lorrain qui parle.* »

Son amour du pays natal, il l'affichait, plus tard, sur son avion où était peinte, en vert, une croix de Lorraine, et en emmenant avec lui, dans ses vols, son fétiche : une petite poupée alsacienne !

L'escadrille où il arrivait le 6 juillet se trouvait dans la Somme. « On voit, écrivait-il, des Boches en quantité : c'est du sport. »

Et le 9 avril il en abattait un près de Péronne. Le 20, il descendait son troisième avion officiel, un bi-moteur bi-fuselage. Dix jours après, dans un combat, il entrait en collision avec un " L. V. G. " et sa hardiesse seule le sauvait.

En août, il recevait la Médaille militaire, avec la citation suivante :

« *DORME René, adjudant pilote de l'escadrille N. 3 : D'une*
« *adresse, d'un sang-froid et d'une audace remarquables, a accompli*
« *de nombreux vols de nuit dans des conditions particulièrement dange-*
« *reuses et difficiles. A livré dix combats aériens au cours desquels*
« *il a abattu un avion ennemi, le 3 avril, et un second le 9 juillet 1916,*
« *ce dernier à 15 kilomètres des lignes françaises. Déjà blessé et cité*
« *à l'ordre.* »

Dès lors, durant ce mois d'août, les victoires se succèdent :
« Question de veine! » dit-il à Guynemer qui le félicite.

Après son septième avion, abattu le 25 sur Mesnil-Saint-Nicaise, il est proposé pour la croix de la Légion d'Honneur, mais cette proposition se perd en route.

Le 2 septembre, il remporte sa huitième victoire. Le 13 octobre, après de multiples victoires non homologuées, il est à nouveau proposé pour la croix, et il l'obtient, cette fois, avec cette citation :

« *Brillant pilote de chasse, d'une science et d'une audace excep-*
« *tionnelles. Toujours prêt, par tous les temps et en toutes les circons-*
« *tances, pour les missions les plus hardies. A accompli de superbes*
« *reconnaissances et abattu treize avions ennemis. Déjà médaillé mili-*
« *taire et cinq fois cité à l'ordre de l'armée.* »

Nommé sous-lieutenant après sa dix-septième victoire,

DORME fut blessé d'une balle explosible le 20 décembre 1916 : il ne put reprendre son service qu'au commencement de mars 1917.

Le 31, il abattait son dix-huitième avion ennemi. Le 5 mai il obtenait sa vingt-troisième victoire.

Parti en patrouille le 25 mai 1917, il ne revenait pas !

Officiellement il avait " descendu " vingt-trois avions ; en réalité, il en avait plus du double à son actif.

Trois jours après sa mort, le commandant Brocard lui rendait ce suprême hommage :

Décision du 25 mai 1917. — « *Le sous-lieutenant DORME,*
« *dont le nom est aimé et respecté comme ceux des héros des plus*
« *belles légendes, vient de disparaître à l'ennemi. D'une habileté qui*
« *l'a rendu célèbre, audacieux, modeste, il possédait au plus haut*
« *point la plus belle qualité du soldat : le sentiment du devoir.*

« *Il faut que sa disparition qui est la plus grande perte que l'aviation*
« *ait jamais subie, fasse naître parmi nous tous qui sommes, non seu-*
« *lement ses chefs, ses camarades, mais ses élèves, des combattants*
« *acharnés.*

« *Mort, blessé ou prisonnier, il ne sera jamais assez vengé! Le*
« *commandant du groupe compte sur tous ses pilotes pour faire payer*
« *cher à l'ennemi, parmi tant de sacrifices, le plus douloureux.* »

Commandant BROCARD.

DORME était le cœur excellent et sensible que tout le monde aime, il avait le sourire tranquille et goguenard qui l'avait fait baptiser par ses amis : " Le père Dorme ". C'était la bienveillance même. Patient, il recommandait aux autres la patience : « On a toujours le temps de savoir », disait-il.

Comme pilote, ce fut un manœuvrier hors ligne : « C'était, affirme le commandant du Peuty, directeur de l'Aéronautique au G. Q. G., l'homme qui ne sacrifiait rien au hasard en temps ordinaire, et qui, le moment venu, risquait le tout pour le tout. »

Mais l'oraison funèbre la plus élogieuse et la plus délicate qui ait été faite de RENÉ DORME est celle du meilleur connaisseur, de l'ami qui quelques mois après, devait le suivre dans la tombe : le capitaine Georges Guynemer.

« *La disparition de DORME est certainement la plus grande perte*
« *qu'ait faite l'aviation. Tout le monde connaît, ne fût-ce que par le*
« *communiqué, sa merveilleuse maîtrise, maîtrise faite de virtuosité*
« *dans le pilotage, d'une science incomparable dans l'approche de*
« *l'ennemi ; d'une rare précision de tir, et par-dessus tout, d'une*
« *audace calme et réfléchie que rien ne troublait. Mais ce que l'on ne*
« *connaîtra jamais assez, ce sont les qualités non plus du soldat, mais*
« *de l'homme. Sa droiture, sa simplicité, sa bonhomie, lui avaient*
« *valu l'affection de tous. D'une énergie de fer, il était la douceur*
« *même : « Le Père DORME ».*

Dès que DORME pilota un HISPANO, il devint enthousiaste de son nouveau moteur. Sa confiance était telle qu'il allait, sur les terrains ennemis, provoquer ses adversaires et les attaquer au-dessus de leurs champs d'aviation mêmes. Ainsi s'explique le grand nombre d'avions qu'il abattit et qui ne lui furent pas homologués. Le champ de ses exploits était trop éloigné de nos lignes.

C'est dans un de ces tournois qu'il a disparu.

Lieutenant GUÉRIN
1893-1918
23 VICTOIRES — MORT AU CHAMP D'HONNEUR

GABRIEL GUÉRIN naquit au Havre le 25 juillet 1893. Lors de la mobilisation, il accomplissait son service depuis le 1er octobre 1913, au 28e régiment d'infanterie. Il y resta jusqu'en juillet 1916, prenant part à la retraite de Charleroi, à la bataille de la Marne, aux combats de Berry-au-Bac, de Notre-Dame-de-Lorette, et aux luttes héroïques autour de Verdun.

Le 8 juin 1915, il était cité à l'Ordre du Régiment et le 27 juillet 1916, il était cité à l'Ordre de la Brigade, alors que, caporal, il avait déjà demandé à entrer dans l'aviation.

Sa demande acceptée, en août 1916, il fut affecté à la N. 15, le 25 avril 1917, où il devint l'élève de Jailler.

Immédiatement, GUÉRIN se signala par ses qualités de pilote : dès le premier mois il abattit trois avions ennemis.

Sa cinquième citation, en juillet 1917, le signalait comme un « *...pilote qui, par son ardeur et sa volonté réfléchie, s'affirme chaque jour comme un aviateur de haute valeur* ».

Un mois plus tard, il recevait la Médaille militaire:

Sixième citation (août 1917). — « *Ne cesse de donner le plus bel exemple de bravoure, d'énergie, de sang-froid et de dévouement. Le 23 juillet 1917, a abattu son quatrième avion ennemi.*

En août 1917, revenant de toucher son nouvel appareil, il engageait un duel contre quatre monoplaces et ramenait son avion criblé de balles. En novembre, il fut nommé sous-lieutenant.

Septième citation (21 janvier 1918). — « *Pilote de chasse hors de pair. Officier de la plus belle valeur morale. Joint à ses qualités d'audace et d'abnégation une habileté manœuvrière incomparable. Est l'âme de son escadrille. Le 22 décembre 1917, a abattu*

un avion dans nos lignes. Le lendemain, a abattu un avion qui s'est brisé en l'air et écrasé sur les tranchées ennemies (dixième et onzième victoires). »

Il obtient deux victoires en janvier 1918 : la douzième, le jour de l'an dans la région de Somme-Py; la treizième, le 3, près de Nogent-l'Abesse. Le 3 février, il abat son quatorzième près de Bline et son quinzième en collaboration avec le sergent Artigau, jeune de son escadrille, vis-à-vis duquel il joue le rôle que Jailler avait rempli auprès de lui.

Le 27 février, GUÉRIN est nommé chevalier de la Légion d'Honneur.

Dixième citation (27 février 1918, Légion d'Honneur). — « *Officier d'élite et pilote de chasse hors de pair, exalte l'enthousiasme de son escadrille par l'exemple de la plus belle valeur morale et par le prestige de ses victoires. A abattu, le 3 février 1918, ses quatorzième et quinzième avions ennemis. Médaillé pour faits de guerre.*

Le 11 mars, il abat son seizième boche près de Berry-au-Bac; le 24 mars, c'est le dix-septième, un "drachen"; le 30 avril, conduisant sa patrouille, il réussit à triompher de deux avions, les dix-huitième et dix-neuvième, dont un tombe dans nos lignes.

Blessé grièvement le 11 mai 1918, nommé lieutenant, il reprenait son service le 5 juillet et remplaçait à la N. 88, comme chef d'escadrille, le capitaine Doumer.

Le 1er août il se tuait en partant en croisière, ayant abattu vingt-trois avions ennemis et obtenu treize citations.

Le lieutenant GUÉRIN, dont la modestie et la bonté étaient proverbiales, fut un manœuvrier remarquable et un instructeur hors ligne.

— 64 —

Lieutenant CHAPUT
1918
16 VICTOIRES — MORT AU CHAMP D'HONNEUR

FILS de l'éminent chirurgien de Lariboisière, JEAN CHAPUT poursuivait de brillantes études lorsque la mobilisation fit de lui un soldat.

Sportsman accompli, il demanda et obtint d'être incorporé dans l'aviation. Il partait au front au début de 1915 dans une escadrille de bombardement.

Il passe ensuite dans une escadrille de chasse et au cours de sa seconde sortie le 18 mars 1916, il remportait sa première victoire et était le héros de l'effroyable aventure d'entrer en collision avec son adversaire à 3.000 mètres dans les airs. Il échappait par miracle à la mort et, pour ses débuts, obtenait la Médaille militaire.

Ses victoires vont ensuite se succéder rapidement avec intermèdes d'incendies de "drachens" qui inauguraient une nouvelle tactique aérienne.

Par un doublé, le 21 juin 1916, il abat près de Verdun quatre avions en cinq jours, consacrés officiellement :

« Pilote incomparable de mordant, d'adresse et d'enthousiasme, a réussi, du 18 au 21 juin, à descendre quatre avions allemands en abattant deux coup sur coup le dernier jour, dans nos lignes. »

Autre citation à la suite d'une grave blessure à l'épaule et à la cuisse qui devait le retenir éloigné longtemps du front :

« Le 24 juillet grièvement blessé au cours d'un combat dans les lignes ennemies, a eu l'énergie de ramener son appareil au terrain. A fait l'admiration de tous par son mépris de la douleur. »

Sa convalescence le tient un certain temps dans un emploi technique, mais son activité s'accommode mal d'une vie d'inaction et, dès qu'il se sent sûr de lui, il revient au front où il va totaliser encore avec brio.

L'offensive allemande du printemps 1918 le trouve comme commandant d'escadrille, exemple de bravoure, d'entrain d'audace et de dévouement, donnant l'exemple et toujours en tête des patrouilles qu'il dirige avec une science consommée.

En avril, en moins d'un mois, après une glorieuse série de combats, il compte quatre avions de plus à son actif, portant le total de ses victoires officielles à seize. Malheureusement, la destinée devait lui être implacable. Le 5 mai, parti en patrouille avec trois pilotes de l'escadrille qu'il commandait, il se trouve en présence d'une reconnaissance plus nombreuse. Malgré l'inégalité du combat, il l'accepte avec sa bravoure habituelle, il s'engage à fond contre des triplaces, mais séparé de sa troupe, il est mitraillé à bout portant et mortellement blessé. Il a l'énergie de rentrer dans nos lignes ; à l'atterrissage, il expire dans les bras de ceux qui le transportent au poste de secours.

Ce fut une des plus nobles figures de l'aviation.

Il était décoré de la Légion d'Honneur, Médaille militaire et Croix de Guerre.

SOUS-LIEUTENANT DEMEULDRE
1892-1916
13 VICTOIRES — MORT AU CHAMP D'HONNEUR

ADJUDANT MAXIME LENOIR
1916
11 VICTOIRES — MORT AU CHAMP D'HONNEUR

NÉ à Cambrai en 1892, DEMEULDRE faisait son service militaire lorsque la guerre éclata, fut successivement dans l'aviation, mécanicien-mitrailleur, avec plusieurs victoires à son actif, et pilote de bombardement, puis de chasse.

Au total, on lui reconnaît treize victoires officielles, et plus de trente non homologuées.

Sa première victoire est du 7 septembre 1915, il abat un albatros après 12 minutes de combat. Le 6 février, il rentre avec 15 obus (éclats) dans son avion. Le 23 mai, il rentre avec son appareil désemparé, câbles coupés, moteur criblé de balles. Le 3 février, il abat deux avions dans la journée. Le 16 mars, il abattait son 10e avion ennemi. Le 14 avril, il obtenait sa 13e victoire.

Le 3 mai, parti en croisière, il ne rentrait pas. Un de ses camarades le vit tomber dans les lignes ennemies après avoir livré combat à 2 avions au-dessus de Montdidier.

Onze citations, Légion d'Honneur, Médaille militaire.

Première citation (septembre 1915). — « Caporal mitrailleur, le « 4 septembre 1915, a rencontré un avion de chasse. Malgré son infé- « riorité de vitesse, n'a pas hésité à l'attaquer et par son courage et « son adresse, après avoir tiré trois cents cartouches de mitrailleuse « l'a obligé à piquer brusquement vers le sol. »

Deuxième citation (en 1916). — Sergent mécanicien. Toujours « volontaire pour les missions périlleuses. A exécuté quinze bombar- « dements, poussés jusqu'à 100 kilomètres dans les lignes allemandes. »

Quatrième citation (mai 1917). — « Coutumier des actes d'audace « et de sang-froid. Le 23 mai 1917, attaqué au cours d'une recon- « naissance photographique par un avion ennemi qui endommagea « gravement son appareil, réussit après une lutte brillante, à mettre son « adversaire hors de combat, puis continua jusqu'au bout sa mission. »

Septième citation (janvier 1918) — « Remarquable pilote de chasse, « d'un courage et d'un allant hors de pair, donnant un magnifique exemple à « ses camarades. Le 22 décembre 1917, a abattu un biplace ennemi qui est « tombé dans nos lignes. Le lendemain 23 décembre, a livré un dur combat « à un second biplace qui s'est écrasé derrière les premières lignes ennemies. »

AVANT la guerre, MAXIME LENOIR était déjà très connu dans le monde de l'aviation où il s'était révélé comme un " looper " de premier ordre et avait à son actif plusieurs vols sensationnels. Malgré son brevet de pilote, il fut, à la mobilisation, versé dans un régiment de cavalerie.

Ce n'est qu'après de multiples démarches, qu'il obtint, à la fin de 1914, de se faire mettre dans la cinquième arme.

On lui confia, pour débuter, les reconnaissances, les réglages d'artillerie et bombardements ; tâche ingrate qui ne l'empêcha pas d'abattre un avion ennemi, un jour qu'il était en mission au-dessus des lignes allemandes, avec le lieutenant Rivier comme passager (5 juin 1915).

Un mois après il passait à la N. 23. Il ne devait plus quitter cette glorieuse escadrille de chasse, dans laquelle, sous le commandement du regretté capitaine de Beauchamp, s'illustrèrent tant de héros.

Le 15 mars 1916, à la suite d'un combat terrible au cours duquel sa mitrailleuse s'étant enrayée, il dut à son habileté et à son sang-froid de s'en tirer sans mal, mais avec son appareil criblé de balles, il reçut la Médaille militaire.

C'est le 30 juillet 1916, que, pour son cinquième boche, LENOIR avait les honneurs du communiqué et prenait désormais place parmi les " As ".

Cinq jours après, il descendait un nouvel appareil et recevait la Légion d'Honneur.

Fin septembre, LENOIR comptait onze victoires officielles et la rapidité avec laquelle il les avait remportées, l'avait fait proposer pour le grade de sous-lieutenant et autorisait les plus belles espérances, quand le 26 octobre il succombait en combat aérien dans les lignes ennemies.

ADJUDANT René MONTRION
1896-1918
11 VICTOIRES — MORT AU CHAMP D'HONNEUR

SOUS-LIEUTENANT QUETTE
1918
10 VICTOIRES — MORT AU CHAMP D'HONNEUR

NÉ à Paris en 1896, engagé au 108ᵉ d'infanterie, il rejoignit son régiment dans la Marne, le suivit au Bois-Leprêtre, à Neuville-Saint-Waast où il obtint sa première citation en septembre 1915, à Verdun et à Craonne.

Après deux ans de séjour dans les tranchées, il entra, sur sa demande, dans l'aviation. Le 6 avril 1917, il arrivait au front comme caporal-pilote à l'escadrille N. 48, le 26, il abattait son premier avion près de la Ville-au-Bois, dans l'Aisne, et huit jours après, un second. Il était adjudant et comptait onze victoires, lorsqu'il fut descendu à son tour en août 1918.

« Première citation (Ordre du C. A. Nº 290, du 29 octobre 1915).
« S'est déjà signalé par son courage les 25 et 26 septembre 1915. —
« le 11 octobre, chargé d'établir une ligne dans un boyau excessivement
« battu, a accompli sa mission malgré un bombardement très violent
« qui a détruit en partie ce boyau. A maintenu la communication. »

« Troisième citation. — Excellent pilote d'une magnifique ardeur. Le
« 18 mai, a abattu avec un autre pilote, un avion de chasse bi-
« mitrailleuses, à 4 kilomètres dans les lignes ennemies et à très basse
« altitude. Le 21 mai, a attaqué un "drachen" que les observatoires
« terrestres ont signalé, par la suite, comme abattu. »

« Huitième citation, 13 juillet 1918). — Pilote hors de pair. Le
« 1ᵉʳ mars 1918, a abattu son huitième avion. A peine remis d'une
« blessure, revient au front où il fait toujours preuve de la plus belle
« ardeur. A incendié récemment un "drachen" portant à neuf le
« nombre de ses victoires. Médaillé militaire pour faits de guerre. »

« Neuvième citation (Ordre de l'Armée, Nº 8845 D, du 13 juillet
« 1918). — Pilote toujours admirable de ténacité et d'audace. Est
« descendu récemment jusqu'à 200 mètres du sol pour incendier un
« "drachen". Soumis à un violent feu de mitrailleuses, a réussi,
« avec son avion criblé de balles, à gagner nos tranchées de première
« ligne, où il est tombé. Quelques jours après, a abattu officiellement
« un deuxième appareil. »

QUETTE débuta dans l'infanterie, puis passa dans l'aéronautique le 5 juillet 1915, comme mécanicien à l'escadrille SPA 38, où il obtint sa première citation à l'Ordre de l'Armée :

« Ayant eu un doigt complètement arraché par une hélice, alors
« qu'il réarmait sa mitrailleuse enrayée au cours d'un tir en vol, a
« montré sa main mutilée à son pilote en souriant et a continué à tirer,
« faisant preuve d'un courage et d'une énergie qui ne se sont pas démentis
« un seul instant.

Il quitta la N. 38 le 24 août 1915 et fut affecté à l'escadrille C. 64. Après un stage de mitrailleur effectué à Cazaux, à la suite de plusieurs missions, il obtint la citation suivante :

« Mitrailleur en avion, volontaire pour toutes les missions péril-
« leuses. Le 4 janvier 1916 n'a pas hésité à monter en plein vol sur
« le plan inférieur de son avion pour rattacher une fiche de magnéto
« qui s'était détachée, permettant ainsi à son pilote de continuer
« sa mission. Le 2 juillet 1916, son pilote ayant été blessé au cours
« d'un combat et contraint d'atterrir par suite de l'arrêt du moteur,
« n'a cessé de l'encourager et de le ranimer pendant la descente de
« l'avion. Par ses exhortations et ses conseils, a aidé son pilote à
« repasser nos lignes et à atterrir normalement en arrière de nos
« tranchées.

Le 9 janvier 1917, QUETTE était désigné comme élève-pilote. Le 11 juin, il arrivait à la SPA 62 avec le grade de caporal. Le 20 juillet, il abattait son 1ᵉʳ avion et le 2 juin 1918, son 10ᵉ qui ne fut homologué que plus tard.

Dernière citation le 29 juin 1918 :

« Officier d'élite, entraîneur de pilotes. A soutenu des combats très
« durs comme mitrailleur. Pilote, s'est fait remarquer par sa bravoure
« et son mépris du danger. S'est dépensé sans compter à la dernière
« offensive, accomplissant pendant une semaine trois missions par
« jour. A abattu ses septième, huitième et neuvième avions ennemis
« en quelques jours. Blessé deux fois.
« Disparu à l'ennemi le 5 juin. Sept fois cité à l'Ordre de l'Armée.
« Signé : DEGOUTTE. »

BRITANNIQUES

Captain MANNOCK
73 victoires
mort au champ d'honneur

Captain Albert BALL
43 victoires
mort au champ d'honneur

Captain J. L. TROLLOPE
18 victoires
mort au champ d'honneur

Lieutenant Leonard M. BARLOW
17 victoires
mort au champ d'honneur

AMÉRICAINS

Lieutenant Frank LUKE
18 victoires
MORT AU CHAMP D'HONNEUR

Major Raoul LUFBERY
17 victoires
MORT AU CHAMP D'HONNEUR

Sous-Lieutenant BAYLIES
12 victoires
MORT AU CHAMP D'HONNEUR

Lieutenant PUTNAM
10 victoires
MORT AU CHAMP D'HONNEUR

ITALIENS

Major BARACCA
34 VICTOIRES
MORT AU CHAMP D'HONNEUR

Lieutenant OLIVARI
18 VICTOIRES
MORT AU CHAMP D'HONNEUR

PALMARÈS
A
L'ARMISTICE

PALMARÈS A L'ARMISTICE

FRANÇAIS

Capitaine FONCK	75 victoires
Lieutenant NUNGESSER	43 victoires
Capitaine MADON	41 victoires
Sous-Lieutenant BOURJADE	28 victoires
Capitaine PINSARD	27 victoires
Sous-Lieutenant HAEGELEN	22 victoires
Sous-Lieutenant MARINOVITCH	22 victoires
Capitaine HEURTAUX	21 victoires
Capitaine DEULLIN	20 victoires
Sous-Lieutenant EHRLICH	19 victoires
Capitaine DE SLADE	19 victoires
Lieutenant DE ROMANET	18 victoires
Capitaine D'ARGUEEFF	15 victoires
Capitaine DE TURENNE	15 victoires
Lieutenant SARDIER	14 victoires
Sous-Lieutenant AMBROGI	14 victoires
Adjudant GARAUD	13 victoires
Sous-Lieutenant NOGUES	13 victoires
Sous-Lieutenant JAILLER	12 victoires
Lieutenant HUGUES	12 victoires
Capitaine LEPS	12 victoires
Capitaine DE SEVIN	12 victoires
Sous-Lieutenant DALADIER	12 victoires
Sous-Lieutenant CASALE	12 victoires
Adjudant ARTIGAU	12 victoires
Sous-Lieutenant GUYOU	12 victoires
Sous-Lieutenant NAVARRE	12 victoires
Sous-Lieutenant TARASCON	12 victoires
Sous-Lieutenant HÉRISSON	11 victoires
Lieutenant ORTOLI	11 victoires
Adjudant BERTHELOT	11 victoires
Sous-Lieutenant MAUNOURY	11 victoires
Lieutenant NUVILLE	11 victoires
Lieutenant BOUYER	11 victoires
Lieutenant BOZON-VERDURAZ	11 victoires
Sous-Lieutenant HERBELIN	10 victoires
Sous-Lieutenant WADDINGTON	10 victoires
Capitaine LAHOULLE	10 victoires
Adjudant MACÉ	10 victoires
Adjudant PEZON	10 victoires
Adjudant GASSER	10 victoires
Adjudant BIZOT	10 victoires

Les Sous-Lieutenants NAVARRE et TARASCON n'ont pas combattu avec le moteur Hispano-Suiza.

PALMARÈS A L'ARMISTICE

BRITANNIQUES

Major Wm. A. BISHOP	72 victoires
Captain JOS. Mc. CUDDEN	54 victoires
Captain PHILIP F. FULLARD	48 victoires
Captain HENRY W. WOLLETT	28 victoires
Lieutenant JOHN J. MALONE	20 victoires
Captain ALLAN WILKENSON	19 victoires
Lieutenant STANLEY ROSEVEAR	18 victoires
Lieutenant ROBERT A. LITTLE	17 victoires
Lieutenant CLIVE WARMAN	15 victoires
Lieutenant FRED LIBBY	14 victoires
Captain W. C. CAMPBELL	14 victoires
Lieutenant R. T. C. HOIDGE	14 victoires
Captain MURRAY GILBRAITH	13 victoires
Lieutenant JOS. STEWART FALL	13 victoires
Lieutenant A. K. COWPER	12 victoires
Captain WHITAKER	12 victoires
Captain ROBERT DODDS	11 victoires
Lieutenant M. D. C. SCOTT	11 victoires
Lieutenant RAYMOND COLLINSHAW	10 victoires

AMÉRICAINS

Captain RICKENBACKER	26 victoires
Lieutenant GEORGE A. VAUGHN	13 victoires
Captain REED LANDIS	12 victoires
Lieutenant KINLEY	12 victoires
Lieutenant ELLIOTT W. SPRINGS	12 victoires
Lieutenant SWAAB	10 victoires

ITALIENS

Sous-Lieutenant SCARONI	26 victoires
Lieutenant-Colonel PICCIO	25 victoires
Capitaine RUFFO di CALABRIA	22 victoires
Capitaine BARACCHINI	21 victoires
Capitaine RANZA	20 victoires
Sergent CERUTTI	17 victoires
Lieutenant REALI	11 victoires
Lieutenant ANCILOTTO	10 victoires

BELGES

Lieutenant WILLY-COPPENS	35 victoires
Lieutenant DEMEULEMESTER	11 victoires
Sous-Lieutenant THIEFFRY	10 victoires

Les Lieutenants WILLY-COPPENS et DEMEULEMESTER n'ont pas combattu avec le moteur Hispano-Suiza

Capitaine FONCK
75 victoires

OFFICIER de la Légion d'Honneur, médaillé militaire, titulaire de la Croix de Guerre couverte de vingt-huit palmes, de la Military Cross qui lui a été décernée deux fois (distinction extrêmement rare), de la croix de Karageorgevitch avec glaives, de la Légion d'Honneur et de la Croix de Guerre belges, de la Médaille militaire anglaise ; l'épaule entourée de la fourragère, la Cigogne d'or brillant au-dessus des décorations, c'est ainsi que l'image représente

RENÉ FONCK, capitaine-pilote-aviateur, ayant abattu soixante-quinze avions ennemis, plus de cent en réalité.

C'est aussi ce que le public connaît de lui, et c'est à cause de cela qu'il admire ce prestigieux pilote, dont la gloire a fait un de ses enfants les plus chéris.

Mais il est une autre vision de ce grand soldat qu'il a été réservé à ses amis de connaître, car ce corps de bronze renferme un cœur d'une extrême sensibilité. Si ses yeux ont, à certains moments, le froid reflet de l'acier, ils renferment à d'autres heures la douce pureté du ciel des Vosges, sous le bleu duquel il naquit.

Né à Saulcy-sur-Meurthe, le 27 mars 1894, il faut rechercher dès sa naissance même, l'origine de la haine implacable de tout ce qui est allemand.

Il faut se souvenir, en effet, que ses parents, issus de cette vieille Alsace, celle dont Louis XIV disait : « Quel beau jardin », ont été poursuivis pendant de longues années par la terreur allemande.

C'est son grand-père, industriel fortement établi en territoire annexé, dont les biens ont été audacieusement confisqués à sa mort ; c'est son père, qui à vingt ans, est rentré en France pour accomplir son service militaire dans notre armée, sans se soucier de la fortune qu'il laissait derrière lui, plus récemment, au cours de cette campagne, c'est sa mère et ses sœurs qui ont dû fuir en entendant le pas lourd des légions germaniques, pour se réfugier seulement à quelques kilomètres de la ligne de combat, affirmant ainsi leur volonté de ne se retirer devant l'envahisseur que sous une menace directe.

Dans son enfance, à l'âge de cinq ans, RENÉ FONCK, s'avançait parfois avec son père jusqu'à la frontière : son grand-père averti, venait à leur rencontre et l'enfant se demandait pourquoi ce n'était pas lui qui allait de l'autre côté, et dans son imagination, prématurément ouverte aux choses de la vie, il comprenait en voyant les larmes versées par les deux hommes, qu'il y avait entre eux une grande chose, un drame immense qui les atteignait dans leurs sentiments intimes.

Il devait en avoir quelques années plus tard, l'explication, lorsqu'il fut, seul, aux funérailles de son grand-père, décédé en territoire annexé et qu'il vit à la porte d'une maison qui aurait dû être la sienne, deux fonctionnaires allemands, qui lui en interdisaient à lui-même l'entrée.

Ces souvenirs tragiques, ont mûri dans le cerveau de celui qui est devenu l'un de nos plus grands héros, comme si la destinée avait voulu, pour adoucir ses premières souffrances, mettre un voile de gloire entre le passé et l'avenir.

En 1914, la guerre éclate, FONCK a vingt ans. Il veut partir coûte que coûte. Sortant d'une école d'Arts et Métiers, c'est à une compagnie de génie qu'il est affecté ; mais la vie des dépôts ne convient pas à son activité ; il cherche l'arme qui lui donnera les ailes qu'il désire pour survoler le pays ennemi : l'aviation s'offre à son rêve et le voici à Dijon. C'est là que se place son premier bonheur : les galons de caporal ; il en est fier, pour lui, pour ses amis, auxquels il veut montrer qu'il est déjà quelqu'un. Qu'ont-ils dû penser depuis !

C'est l'aviation de corps d'armée qui le reçoit. A l'habileté professionnelle du pilote, il joint la science parfaite du technicien, et ses premières sorties sont déjà des triomphes ; pendant deux ans, il assurera la lourde tâche qui incombe aux pilotes de l'aviation de corps d'armée.

Il transporte tour à tour des observateurs, des photographes, des bombardiers, accomplissant toutes ses missions avec un même courage tranquille, en dépit de tous les dangers.

Un jour, il sauve un camarade entouré par quatre avions allemands, lui-même en avait trois à sa poursuite, il en abat deux, dégage son camarade et rentre dans nos lignes.

Une autre fois, il reçoit un obus qui traverse une aile de son appareil, mais il accomplit sa mission avec un égal sang-froid.

Le 6 août 1916, du côté de Moyenville, il se révèle tacticien de chasse remarquable, en contraignant un Rumpler d'un modèle tout récent, à atterrir dans nos lignes. Et cela sans tirer une seule cartouche.

« J'ai été manœuvré de telle façon, déclara le pilote capturé, que je n'ai rien pu faire. Mon adversaire me pressait, me dominait toujours quelles que soient mes manœuvres, me tenait continuellement à sa merci. Je ne pouvais faire que ce que j'ai fait. »

Ce brillant exploit valut à FONCK avec la Médaille militaire, la citation suivante :

« *Pilote remarquable de bravoure, d'adresse et d'entrain, ayant déjà* « *livré un grand nombre de combats aériens. Le 6 août 1916, a résolu-* « *ment attaqué deux avions ennemis fortement armés. En a pris un* « *en chasse et, par une série de manœuvres audacieuses et habiles,* « *l'a contraint à atterrir indemne dans nos lignes. Deux fois cité à* « *l'Ordre.* »

Revenu dans les Vosges avec son escadrille, nouvelle victoire, nouvelle citation :

« *Pilote remarquable par son adresse et sa bravoure. Le 17 mars 1917,* « *au cours d'une mission photographique, a livré combat à un groupe* « *d'avions de chasse ennemis et en a abattu un dans ses lignes.* »

Après cette nouvelle prouesse, il voit enfin se réaliser son désir le plus cher, il est versé dans l'aviation de chasse et affecté à la N. 103, où, suprême honneur, on lui confie un appareil qu'on ne donnait à cette époque qu'aux privilégiés : un SPAD, muni d'un moteur HISPANO-SUIZA 200 CV, type avec lequel il devait remporter toutes ses autres victoires.

Au moment de son entrée dans l'aviation de combat, FONCK avait déjà près de six cents heures de vol en escadrille d'armée, quatre citations, la Médaille militaire, une décoration anglaise, deux avions ennemis officiellement abattus.

Trois jours après, le 5 mai, il remportait une troisième victoire, était cité à l'Ordre de l'Armée, et recevait la Médaille militaire anglaise.

Quelle que soit la citation de FONCK que l'on veuille lire, il se dégage de toutes les mêmes remarques : la précision du tir, la rapidité de l'attaque et la victoire immédiate ; l'une relate l'attaque et la poursuite d'un avion ennemi dans ses lignes à 200 mètres de hauteur ; malgré le feu violent de ses mitrailleuses, FONCK ne l'abandonne qu'après l'avoir vu s'écraser au sol.

Une autre citation c'est l'attaque de trois avions allemands à 5.000 mètres ; une vingtaine de cartouches sont tirées sur le premier qui tombe à la verticale ; ne pouvant le suivre, le pilote pique sur les deux autres et descend l'un d'eux après cinq minutes de combat.

Nous sommes le 9 août 1917. C'est le septième avion de FONCK. A partir de ce moment, les victoires se précipitent.

Le 16 août 1917, à 4.000 mètres, FONCK s'approche d'une patrouille de trois monoplaces allemands ; sans être vu, il tire une dizaine de cartouches sur le dernier qui s'abat en flammes.

Le 20 août, c'est un biplace "Albatros ", qui prend feu et fait explosion. Pendant la chute, le pilote et l'observateur sont projetés hors de l'appareil.

Le 21 août, FONCK pique sur un biplace allemand, qui par plusieurs retournements successifs cherche à éviter le combat. Après avoir essuyé deux rafales, l'avion ennemi va s'écraser au sol.

Le 22 août, un avion poursuivi et attaqué par FONCK, tombe à la verticale à l'intérieur de ses lignes.

Cela n'est encore que le onzième appareil du grand pilote, et si les éléments nous manquent pour le suivre pas à pas dans sa glorieuse carrière, il ne s'est pas depuis cette date, passé de semaines sans que le communiqué n'enregistrât une nouvelle victoire.

FONCK a une force irrésistible, qui a conscience d'elle-même, et qui s'emploie judicieusement. Son cœur se ferme à la pitié, il abat son adversaire froidement en le regardant mourir de ses yeux clairs, qu'il ne protège même pas au moment du combat par ses lunettes.

Du plus loin qu'il voit son adversaire, FONCK commence à l'attaquer ; s'il se sent aperçu lui-même, il fait " celui qui ne se sait pas vu ", mais son œil ne quitte pas l'adversaire, il en suit toutes les manœuvres, et, quand le moment propice se présente, il tombe sur lui en ouragan et le mitraille.

Sûr de lui et de son tir, il se donne parfois la satisfaction de saluer son adversaire avant de l'écraser, de le suivre pendant quelques minutes sans perdre aucun de ses mouvements, ne lui envoyant une rafale de sa mitraille que quand il sent une menace pour lui-même.

FONCK possède en lui une puissance de moyens dont il est seul à se rendre compte.

Tous ses organes sont d'une intégrité absolue, il patrouille à 6.000 mètres sans que son appareil respiratoire en soit affecté ; il aperçoit un adversaire à plus de 8.000 mètres de distance, et, à partir de ce moment-là, son adversaire est perdu, aussi est-il arrivé à FONCK de dire : « Je voudrais combattre, car je ne me suis jamais battu ! »

Cela laisserait supposer que ses adversaires appartenaient à une classe inférieure, mais il faut se souvenir qu'il a abattu quatre des principaux "As" allemands ; ceux-ci ont subi le même sort que ceux-là et sont tombés sous la même attaque foudroyante sans pouvoir échapper à la balle précise qui leur était destinée.

Cette force incroyable qui fait de FONCK un guerrier comparable à ces héros de l'antiquité dont l'histoire mythologique nous a transmis les noms, n'est cependant pas née à la guerre.

De bonne heure chef de famille, FONCK a compris qu'après la disparition de son père, il devait être le guide sûr de ceux qu'il chérissait et il en a pris toutes les responsabilités. Aussi sa mère, qui a l'âme des femmes d'Alsace, n'est-elle pas autant que d'autres angoissée et craintive de l'avenir.

Dans la petite maison de Lorraine, enfouie sous l'ombre des grands sapins, si trois cœurs de femmes palpitent, c'est de joie et d'orgueil modeste, car elles ont confiance : FONCK a ordonné de ne pas avoir peur, alors elles n'ont pas peur...

Nous nous en voudrions de toucher à ce foyer familial et intime de sa vie, mais nous savons que ce grand soldat est un fils admirable que la gloire n'a pas grisé, et qui garde une simplicité et une tendresse de cœur qui le font aimer par tous ceux qui l'approchent.

Rien de plus charmant que son intimité, et encore ne se livre-t-il pas à tous : il connaît les embûches tendues sous les pas de ceux dont la renommée a claironné le nom aux quatre coins du monde ; de même qu'il "tâte" son adversaire, il "tâte" aussi qui l'approche ; mais ceux auxquels il a donné son amitié, savent combien elle est précieuse et quel espoir on peut fonder sur elle.

Il faudrait un Saint-Simon pour fouiller les particularités de ce caractère ; à la jeunesse d'un duc d'Enghien, il joint la bravoure d'un Condé. Aussi, suprême honneur, est-ce à lui que le drapeau de l'aviation a été confié, et le plus bel éloge que l'on puisse en faire, est de relire la belle citation qui accompagnait sa nomination d'officier de la Légion d'Honneur :

« Officier remarquable à tous les points de vue, d'une ardeur combative admirable. Pilote de premier ordre tant pour les missions de reconnaissance et de réglage de tir, que pour les services de surveillance qu'il a maintes fois assurés en dépit des circonstances les plus défavorables. A révélé, au cours d'une série ininterrompue de combats aériens, une énergie exceptionnelle et une volonté de vaincre, qui en feront un exemple pour les pilotes français actuels. A abattu trente-six avions ennemis.

« Seize citations. Médaille militaire. Chevalier de la Légion d'Honneur pour faits de guerre. »

Nous ne pouvons relater ici les péripéties de tous les combats d'où "l'Invincible" — comme l'ont surnommé si justement ses camarades — sortit triomphant. C'est le cas de dire : « Il y en a trop. »

Toutes ses victoires tiennent du merveilleux.

Renouvelant son exploit du mois de mai 1918, le lieutenant FONCK abattait le 6 septembre, six avions ennemis, immédiatement homologués, la nouvelle ayant été transmise au G. Q. G. par T. S. F.

Parti à 10 heures 1/2 du matin, FONCK rencontrait à 6.000 mètres de hauteur, une patrouille de cinq appareils ennemis. Avec sa vigueur habituelle, il fonça sur ses adversaires et abattit trois d'entre eux en quelques minutes de combat.

Le soir du même jour, reprenant son vol, c'est une patrouille de huit appareils allemands qui se présente à lui ; trois de ses adversaires tombèrent sous ses coups, s'écroulant en flammes.

Sur ces six appareils, trois appartenaient à l'ancienne escadrille de l' "As" allemand, capitaine von Richtofen, la fameuse escadrille des "Damiers Rouges", l'escadrille redoutable qui ne comptait guère que des "As", mais qui ne comptait pas devant FONCK.

Le 6 octobre, se surpassant lui-même, il abattait deux biplaces de chasse et incendiait deux monoplaces en l'espace de vingt minutes, au cours de la même patrouille. Exploit remarquable et unique dans les annales de l'aviation.

Cinq autres victoires en quelques heures de vol, amenaient à soixante-quinze le nombre officiel des avions qu'il avait abattus peu avant la cessation des hostilités.

FONCK L'INVINCIBLE EST DEMEURÉ L'INVAINCU !..

Lieutenant NUNGESSER
45 VICTOIRES

NÉ à Paris, le 15 mars 1892, c'est un vrai "Parisien de Paris". Epris d'aventures et de voyages, il abandonne les études spéciales de mécanique qu'il poursuit à l'Ecole des Arts et Métiers de Valenciennes pour une vie plus active et plus mouvementée. Il visite les deux Amériques, New-York et Buenos-Ayres le virent tour à tour organisateur de meetings d'aviation, planteur, chasseur.

Surtout et avant tout sportsman accompli, excellent dans l'art de la boxe, de l'athlétisme, et de l'automobile.

La déclaration de guerre le ramène en France où il est incorporé dans la cavalerie : aux hussards.

Brigadier dès le début, il gagne sa première citation, — qui allait être suivie de tant d'autres, — et la Médaille militaire.

Première citation (3 Septembre 1914, Médaille militaire). — « Son officier, ayant été blessé au cours d'une reconnaissance, le « mit tout d'abord à l'abri, puis, avec l'aide de quelques fantassins, « après avoir mis les officiers qui l'occupaient hors de combat, s'empara « d'une automobile, et rapporta les papiers qu'elle contenait en traver- « sant les régions battues par les feux de l'ennemi. »

Blessé dans les tranchées, — la cavalerie ayant été démontée — il demandait à passer dans l'aviation et partait sur Voisin, dans l'escadrille V. H. 106. Il y gagnait bientôt sa deuxième citation.

Deuxième citation (22 avril 1915). — « Le commandant du « groupe de bombardement N° 102 cite à l'Ordre du Groupe, le ma- « réchal des logis pilote Nungesser, sous-officier d'un allant et d'un « entrain remarquables. A eu son avion fortement atteint les 15, 16 « et 17 avril. »

Le 9 août, il abattait son premier avion, et quittait la V. H. 106, où il avait fait cinquante-trois bombardements, pour l'aviation de chasse.

A son arrivée à la N. 65 à Nancy, il débutait par quinze jours d'arrêt, pour des exercices d'acrobatie aérienne auxquels on n'était pas encore habitué ; mais le 28 novembre, étant adjudant, il descendait près de Nomény, son deuxième avion, ce qui lui valait les félicitations de son chef de groupe, où il était présenté comme " un exemple de courage à imiter ", et la Croix de la Légion d'Honneur.

*Cinquième citation (4 décembre 1915, Légion d'Honneur). —
« Pilote détaché, sur sa demande, d'une escadrille actuellement à
« l'arrière, n'a cessé, depuis son arrivée, de rechercher l'occasion,
« volant jusqu'à 4 heures 40 par jour, malgré la rigueur de la tempé-
« rature. Au cours de son dernier combat, a donné les preuves les plus
« belles de qualités morales en approchant jusqu'à 10 mètres l'appareil
« qu'il poursuivait, essuyant son feu sans répondre jusqu'au dernier
« moment. A réussi à abattre son adversaire dont l'appareil a pris
« feu et explosé devant les tranchées françaises. »*

Victime d'un accident, en essayant un nouvel appareil, il était grièvement blessé : fracture à la jambe, contusions multiples et perforation du palais par les leviers de gauchissement. Réformé nº 1, il contractait un engagement, refusait un congé de convalescence, et rejoignait son escadrille le 29 mars 1916.

Le 2 avril, il abattait un " drachen " à Sept-Forges, un L. V. G. le lendemain ; le 4, un autre, à l'Étang des Hauts-Fourneaux.

En six jours, il avait volé dix-neuf heures, et livré douze combats.

Nommé sous-lieutenant le 24 avril, il abattait le 27, son cinquième avion sur la forêt de Spincourt et était cité au communiqué. Seulement il rentrait avec vingt-huit balles dans son appareil, dont sept dans le moteur et cinq aux cylindres.

*Sixième citation (11 Mai 1916) — « Le 25 avril 1916, a attaqué
« avec son courage et son sang-froid habituels un groupe de trois
« avions ennemis et en a abattu un qui est tombé sur les tranchées
« françaises. Le 27 avril, a abattu son cinquième avion au cours
« d'un combat livré seul contre six ; a eu ses vêtements et son
« appareil criblé de balles, et bien qu'ayant les organes essentiels de
« son appareil atteints (moteur et commandes), a réussi à le rame-
« ner, donnant ainsi une fois de plus, les preuves de la plus belle
« énergie et de la plus grande bravoure. »*

Le 22 juin, en abattant son neuvième avion, — et un autre qui ne fut pas homologué — près de Lamorville, il était blessé. Il reprenait son service un mois après.

*Dixième citation (5 Septembre 1916). — « D'un allant inlassable,
« a fait preuve du plus extrême mordant en poursuivant jusque sur
« leur propre terrain les appareils ennemis, s'il n'a pas réussi à les
« abattre. Le 25 août, a abattu son onzième avion. »*

Le 26 septembre, il abattait deux avions entre le Transloy et Rocquigny, un " drachen " près de Neuville. Le 21 décembre, après avoir abattu son vingt et unième appareil, il partait pour l'hôpital, où ses blessures le ramenaient. Les légendes les plus diverses commencèrent à circuler sur son compte : on le disait perdu pour l'aviation. En réalité, réformé de nouveau, il avait de nouveau refusé,

et, en fin avril, rentrait à son escadrille, où il reprenait le cours de ses exploits.

*Quatorzième citation (1er Mai 1917). — « Pilote incomparable,
« d'un courage et d'une énergie exceptionnels. Bien qu'en convales-
« cence illimitée à la suite de graves blessures, livre bataille presque
« chaque jour à des avions ennemis. Le 1er mai, a fait preuve d'un
« absolu mépris du danger en attaquant à lui seul six avions
« ennemis. En a abattu un, contraint un autre à atterrir désemparé,
« et a mis les quatre autres en fuite. »*

Peu après, il obtenait une nouvelle citation, où il était signalé comme :

*« Officier d'une endurance, d'une audace et d'un sang-froid extra-
« ordinaires. Bien que souffrant encore de ses blessures, exécute des
« vols de chasse dont la durée totale atteint jusqu'à neuf heures par
« jour. A livré combat le 2 mai 1917 à quatre avions ennemis et a
« obligé l'un d'eux à atterrir. Le 3, a abattu son vingt-quatrième
« appareil. Le 9 mai, a remporté sa vingt-cinquième victoire, en
« abattant un avion ennemi qui est tombé en flammes. »*

Il prenait alors un repos bien mérité d'un mois.

A son retour, il continuait la chasse avec passion, et remportait, le 16 août, sa trentième victoire : un " gotha ", descendu dans la forêt d'Houthulot.

En octobre il était nommé lieutenant.

Après une nouvelle interruption causée par ses blessures, NUNGESSER retourne à l'escadrille. Le 30 juillet 1918, il recevait la rosette d'officier de la Légion d'Honneur, avec ce splendide motif :

*« Incomparable pilote de chasse, d'une science exceptionnelle et
« d'une éclatante bravoure en qui se reflètent la force et l'inflexible
« volonté de la race. Dans la cavalerie où, dès les premiers engagements,
« il gagna la Médaille militaire, puis dans un groupe de bombardement
« où de quotidiennes prouesses le firent plusieurs fois citer à l'Ordre
« du jour et décorer de la Légion d'Honneur ; enfin, dans une esca-
« drille de chasse qu'il illustre depuis trente mois de ses prodigieux
« exploits, s'est partout imposé comme un superbe exemple de ténacité,
« d'audace et d'orgueilleux mépris de la mort. Éloigné à plusieurs
« reprises du front par des chutes et des blessures qui n'ont pu entamer
« sa farouche énergie, est rentré chaque fois dans la bataille avec une
« âme plus ardente et est monté, de victoire en victoire, jusqu'à la
« gloire d'être le plus redoutable adversaire de l'aviation allemande.
« Trente et un avions abattus. Trois ballons incendiés. Deux bles-
« sures, quinze citations. »*

Une de ses dernières citations :

*« Officier pilote d'une bravoure légendaire qui renouvelle à tout
« instant ses exploits audacieux. Le 14 août 1918, ayant incendié
« deux drachens le matin, en a incendié deux autres en fin de journée.
« Le lendemain, a abattu un avion ennemi, a remporté ses quarante-
« deuxième, quarante-troisième et quarante-quatrième victoires. Deux
« blessures. »*

A l'armistice, CHARLES NUNGESSER avait à son actif quarante-cinq appareils abattus et figurait le deuxième, immédiatement après Fonck, sur le tableau des " As ". Sa croix de guerre s'ornait de vingt-huit palmes et de deux étoiles.

Il était titulaire de nombreuses décorations alliées.

CAPITAINE MADON
41 VICTOIRES

NÉ à Bizerte en 1892, ex-élève du collège de Tunis, est un pilote d'avant-guerre, breveté du 7 juin 1911.

A la mobilisation accomplissait son service militaire en escadrille près de Soissons. Il eut une campagne périlleuse. Le 30 octobre, au Chemin-des-Dames, son moteur est littéralement emporté par un obus, la toile de tout un plan s'arrache, c'est la chute irrémédiable pour un autre pilote que MADON, qui réussit à rétablir l'équilibre et à atterrir normalement.

Il accomplit sorties sur sorties, de nuit aussi bien que de jour, infatigable et toujours volontaire pour les missions difficiles.

La chance va lui être contraire momentanément. En conduisant un avion à Belfort, il se trouve pris dans un brouillard intense qui lui fait perdre sa route et le contraint à atterrir à Porrentruy, en Suisse, le 5 janvier 1915, où il est fait prisonnier.

L'inaction pèse à MADON, après plusieurs tentatives il s'évade. De retour au front, en janvier 1916, il passe après peu de temps à l'aviation de chasse, où il remporte succès sur succès, totalisant avec une rapidité prodigieuse, arrivant en tête du palmarès avec quarante-et-une victoires officielles. Dix-neuf citations, rosette d'officier de la Légion d'Honneur, Médaille militaire, Croix de Guerre.

« *Huitième citation (Ordre N° 4890, du 5 mai 1917).* —
« *Chevalier de la Légion d'Honneur. Adjudant-pilote incomparable*
« *d'adresse et d'entrain. Après s'être distingué par son courage dans*
« *une escadrille de corps d'armée, donne depuis six mois comme pilote de*
« *chasse, un merveilleux exemple d'audace, d'endurance et d'énergie.*
« *Le 17 mars 1917, ayant attaqué deux avions ennemis et mis en*
« *fuite l'un d'eux, a été, tandis qu'il poursuivait l'autre dans sa chute,*
« *victime d'un arrêt de moteur, contraint d'atterrir dans les lignes*

« *ennemies. A réussi, grâce à son sang-froid, à reprendre son vol*
« *après avoir mitraillé une troupe qui avançait sur lui.*
« *Le 18 mars au cours d'un combat avec deux avions ennemis,*
« *a abattu son huitième adversaire. Le 24 avril, a remporté sa neu-*
« *vième victoire. Sept fois cité à l'Ordre.* »

« *Douzième citation.* — *Le 20 mai, a abattu son douzième adver-*
« *saire. Le 2 juillet 1917, attaquant de près un biplace ennemi,*
« *emporté par son allant, est rentré en collision brutale, avec son*
« *adversaire. Atteint gravement lui-même par le choc, a pu, après*
« *une chute vertigineuse, redresser partiellement son appareil, donnant*
« *une preuve de son adresse, de son sang-froid exceptionnels, fut*
« *blessé à l'atterrissage.*

« *Vingtième citation (Ordre général du 25 décembre 1918) Légion*
« *d'Honneur pour le grade d'officier.* — *MADON Georges, comman-*
« *dant d'escadrille SPA 38. Officier d'élite, pilote de chasse d'une*
« *indomptable énergie, d'une bravoure héroïque et d'une suprême*
« *habileté. Toujours vainqueur au cours d'innombrables combats*
« *engagés sans souci du nombre des adversaires, ni de l'éloignement*
« *de nos lignes, jamais atteint, même d'une seule balle, grâce à la*
« *rapidité foudroyante de ses attaques; à la précision de ses*
« *manœuvres, à l'infaillibilité de son tir, meurtri parfois dans des*
« *chutes terribles, entraîne inlassablement par son splendide exemple*
« *l'escadrille qu'il commande et qu'il illustre chaque jour de ses nouveaux*
« *exploits. Le 11 août 1918, a abattu son quarantième avion ennemi.* »

LIEUTENANT BOURJADE
28 VICTOIRES

NÉ à Montauban, le 25 mai 1890, il quitte cette ville en 1909, après y avoir fait toutes ses études, pour se consacrer tout entier à la réalisation du rêve de sa vie : « Etre prêtre et aller évangéliser les sauvages »

A la mobilisation, il rejoint comme brigadier le 23e d'artillerie et passe maréchal des logis après la bataille de la Marne.

Volontaire de l'artillerie de tranchées, fait pendant plus de deux ans la guerre dans cette arme où il gagna, avec la belle citation suivante, son galon de sous-lieutenant :

« BOURJADE, Jean-Pierre-Léon, maréchal des logis, chef de « section aux tranchées de première ligne depuis février 1915 ; a « constamment donné à ses hommes le plus bel exemple de courage, « d'énergie et de sang-froid. S'est distingué en mai, juin, juillet 1915.
« Chargé d'un poste très dangereux du 21 au 26 septembre, a rempli « complètement la mission qui lui était confiée, bien que ses pièces aient « été, à plusieurs reprises, enterrées par les obus ennemis et ses ser-« vants, sauf deux, tués ou blessés. »

Mais l'aviation depuis longtemps l'attire.

Après de nombreuses demandes il obtient enfin, d'être accepté comme élève-pilote et arrive sur le front des Vosges, affecté à la N. 152, en septembre 1917.

Ce ne fut que le 27 mars suivant qu'il eut la joie de " brûler " son premier ballon, qui devait bientôt être suivi de tant d'autres, car ce fut un de nos plus redoutables chasseurs de " drachens ".

Poussant la modestie jusqu'à l'effacement, d'une bravoure calme sans rejeter toute prudence, c'est soutenu par sa foi de prêtre, par sa confiance de croyant, qu'il allait à la bataille.

Ses victoires officielles comprennent vingt-huit ballons et avions, tous abattus en flammes. Le 14 juillet 1918, il descendit 3 "drachens" en moins de 5 minutes. Sa croix de guerre porte treize palmes et une étoile de vermeil.

Le lieutenant BOURJADE n'a pas abandonné ses projets d'avant-guerre : il se prépare au rôle de missionnaire et c'est en avion qu'il désire porter la bonne parole aux indigènes les plus arriérés, dans les contrées lointaines.

Quelques-unes de ses citations :

« Officier pilote d'une bravoure et d'une audace peu communes. Après « s'être brillamment conduit dans l'artillerie, a fait preuve des plus « belles qualités de courage en attaquant de nombreux drachens ennemis « et en a abattu quatre. Quatre citations. Fait Chevalier de la Légion « d'Honneur. »

« En l'espace de quatre jours, a incendié deux "drachens" et abattu « un avion ennemis. » (Cinquième, sixième et septième appareils).

« A incendié, en huit jours, six drachens ennemis, huitième, neuvième, « dixième, douzième et treizième victoires. »

« Le 17 juillet 1918, a incendié un "drachen" ennemi (quatorzième « victoire). Le 19 juillet, sa mitrailleuse s'étant enrayée pendant que « le ballon était ramené vers le sol, l'a attaqué une seconde fois et incendié « à moins de 500 mètres. Est rentré blessé d'une balle tirée de terre. »

Capitaine PINSARD
27 VICTOIRES

NÉ le 29 mai 1887, engagé à 18 ans dans la cavalerie, il entra en mai 1912, dans l'aéronautique militaire. Il se fit remarquer aux grandes manœuvres de 1913, où il reçut la médaille militaire.

A la mobilisation, il était maréchal des logis et affecté à l'escadrille M. S. 23. Sa première citation est au mois de septembre. Il avait fait de nombreux vols de reconnaissance et participé au bombardement du G. Q. G. allemand établi à Thielt. Promu adjudant, puis sous-lieutenant, il atterrit une première fois dans les lignes ennemies en novembre 1914, mais grâce à son sang-froid il put se tirer heureusement de cette aventure. A la fin du même mois, il est cité pour la deuxième fois, à la suite d'une première mission spéciale.

Le 8 février 1915, il était moins heureux dans un second atterrissage encore dans les lignes ennemies, et était fait prisonnier avec son observateur, dont il fut d'ailleurs séparé. La captivité ne pouvait convenir au caractère aventureux du sous-lieutenant PINSARD, aussi, fit-il plusieurs tentatives d'évasion, qui le conduisirent devant le conseil de guerre et lui valurent des semaines de cellule.

Interné d'abord à l'île Danholm au nord de Stralsund, en juillet 1915, puis à Bad-Stuer, dans le Mecklembourg, en novembre, il saute d'un train en marche qui le conduisait à une autre destination, espérant pouvoir gagner la frontière hollandaise. Repris au bout de cinq jours de marche, il fut condamné à trente-cinq jours de cellule. Sa peine accomplie, il était dans un état de faiblesse indescriptible. Transféré

à Halle, en décembre, puis à Ingolstadt, en février 1916, il y concerta son évasion avec le capitaine Ménard.

Pourvus chacun de trente kilos de nourriture, malgré leur sobriété, ils se virent bientôt sans vivres. Pour comble de malchance le capitaine Ménard s'était foulé le pied, ce qui ralentissait la marche des évadés, craignant toujours de se voir repris près d'atteindre la liberté. Il y avait quarante-huit heures qu'ils n'avaient rien mangé lorsqu'ils traversèrent la frontière.

Aussitôt libre, le sous-lieutenant PINSARD demandait à entrer dans l'aviation de chasse. Il était nommé lieutenant le 8 juillet 1916, et retournait au front de la Somme.

C'est PINSARD qui fut désigné par le colonel Barès pour prendre son premier avion SPAD à moteur HISPANO, pour l'essayer sur le front. Quoique habitué aux rotatifs, il se familiarisa vite avec ce moteur fixe, et eut immédiatement l'impression que c'était vraiment le moteur de la guerre.

Le 23 août, il descendait son premier boche, et rentrait avec huit balles dans son fuselage. Le 7 septembre, il recevait la Croix de la Légion d'Honneur.

Le 5 juin 1917, il avait déjà seize appareils à son actif et recevait la Médaille militaire italienne. Mais le 12 juin, il était victime d'un accident d'aérodrome et grièvement blessé.

Quand il reprit sa place, il n'avait pas perdu sa virtuosité ; du 8 juillet au 23 août 1918, il abattait sept " drachens ". A l'armistice, il avait vingt-sept appareils reconnus officiellement. Le 24 décembre il recevait la rosette de la Légion d'Honneur.

Sous-Lieutenant HAEGELEN
23 VICTOIRES

Sous-Lieutenant MARINOVITCH
22 VICTOIRES

NÉ à Belfort, le 13 septembre 1896. Habitait à Dijon avant la guerre où il s'occupait de commerce automobile. A la mobilisation, s'engagea au 27e d'infanterie où il conquit rapidement ses galons de caporal et de sergent.

A la suite de la convalescence d'une fièvre typhoïde contractée au front, il demanda à entrer dans l'aviation et fut breveté pilote militaire en 1916. On lui confia au début le rôle ingrat et périlleux de réglage d'artillerie, reconnaissance, liaison d'infanterie, etc.

Au cours de ses nombreuses missions, a été descendu trois fois par le feu ennemi.

Passé dans l'aviation de chasse, remporte sa première victoire le 27 mai 1917. Le lendemain, en triomphant d'un autre avion, tombe dans nos lignes grièvement blessé. Reprend du service et arrive à la fin de la guerre avec vingt-trois victoires officielles, Légion d'Honneur, Médaille militaire, Croix de Guerre.

« *Citation du 31 décembre 1917. — Jeune pilote plein d'entrain qui, depuis huit mois dans le secteur de Verdun, ne cesse de se prodiguer journellement. Le 15 décembre, a survolé par trois fois les lignes enne- mies dans la même journée. Obligé d'atterrir après son second vol à proximité du champ de bataille avec un appareil sérieusement atteint, a demandé, malgré l'heure avancée, à repartir avec un autre avion. Descendant excessivement bas, malgré le feu des mitrailleuses ennemies, a permis à son observateur de rapporter des renseignements précieux.*

« *Citation du 19 juillet 1918 (Légion d'Honneur) — Officier don- nant le plus bel exemple d'entrain, de courage et de science du combat, après s'être particulièrement distingué dans l'aviation de corps d'armée, s'est révélé pilote de chasse de premier ordre, entraînant à sa suite les jeunes pilotes de son escadrille. Une blessure, six citations.*

« *Citation du 10 octobre 1918. — Officier mettant sans cesse sa virtuosité de chasseur et ses qualités remarquables de pilote au service d'une énergie ardente et d'une bravoure magnifique. Recherche cons- tamment les combats les plus périlleux, augmente avec une rapidité splendide le nombre de ses victoires. Une blessure. Huit citations.* »

NÉ à Paris le 1er août 1900. D'origine serbe, engagé vo- lontaire dans l'armée française au 27e régiment de dragons au début de 1916. Passé dans l'aviation en juillet, affecté à l'escadrille No 38 en mars 1917. Descend son pre- mier avion en septembre de la même année.

A officiellement vingt-deux victoires, dont le prince de Bulow et Karl Schlegel, aviateurs allemands bien connus. A 19 ans était adjudant, décoré de la médaille militaire et de la Légion d'honneur.

« *Troisième citation (Ordre de la IVe Armée No 1133 du 8 janvier 1918). — Pilote de chasse accompli, ne cesse de donner de nouvelles preuves de son audace et de son courage. Le 1er janvier 1918, a abattu loin dans ses lignes un avion ennemi portant ainsi à quatre le nombre de ses victoires.* »

« *Quatrième citation (Ordre de la IVe Armée No 6239, du 10 janvier 1918) (Médaille militaire). — Pilote de chasse accompli, volontaire pour toutes les missions périlleuses, a montré dès ses débuts une audace et une ardeur admirables, qui ne se sont jamais démenties, n'a pas livré moins de trente combats, ramenant souvent son appareil criblé de balles ou d'éclats d'obus. Le 22 décembre 1917, a abattu son troisième avion ennemi.* »

« *Neuvième citation (Ordre No 8956 " D ", du 11 août 1918) (Chevalier de la Légion d'Honneur). — Pilote de chasse de très grande valeur, fait l'admiration de son escadrille depuis un an, en livrant journellement des combats très durs avec une ardeur et un courage exemplaires. A abattu sept avions ennemis en deux mois et s'est particulièrement distingué au cours des opérations actuelles, en remportant sa treizième victoire. Médaillé militaire pour faits de guerre. Huit citations. Attribution de la croix de guerre avec palmes.* »

« *Treizième citation (Ordre No 11.921 " D " de l'Armée du 25 novembre 1918) — Pilote de chasse de grande valeur, chef de patrouille de premier ordre. A abattu, le 27 octobre et le 3 novem- bre 1918, deux avions ennemis portant ainsi à vingt et un le nombre de ses victoires officielles. Médaillé militaire pour faits de guerre et chevalier de la Légion d'Honneur.* »

CAPITAINE HEURTAUX
21 VICTOIRES

NÉ à Nantes (Loire-Inférieure), le 20 mai 1893. Sorti de Saint-Cyr à la mobilisation le 2 août 1914, sous-lieutenant de hussards. En quatre mois obtient trois citations, la première du mois d'août 1914. Volontaire dans l'escadrille de Garros, il participe à des croisières au-dessus d'Ostende, Bruxelles, etc.

Devient pilote à l'escadrille des Cigognes, où, en compagnie de Deullin, Guynemer et de tant d'autres, il acquiert une notoriété qui lui vaut, au départ du commandant Brocard, l'honneur de commander l'escadrille N° 3. Grièvement blessé plusieurs fois, il dut, en définitive, renoncer à jouer un rôle actif, ayant à son palmarès vingt et une victoires officielles. Fut envoyé en Amérique en mission de propagande et, enfin, attaché au Ministère de l'Aéronautique.

« Première citation (Août 1914). — Le 23 août, le sous-lieutenant
« Heurtaux, chef d'une reconnaissance, arrivait au moment d'une
« attaque très vive des Allemands contre notre infanterie. Un lieute-
« nant, chef d'un peloton des hussards, venait d'être blessé. Le sous-
« lieutenant Heurtaux prit le commandement du peloton et comme
« notre infanterie pliait, laissant en danger une batterie d'artillerie, il
« portait son peloton au combat à pied dans les tranchées abandonnées,
« l'y maintint jusqu'au départ de la batterie d'artillerie, soutenant
« le combat jusqu'à 150 mètres de l'infanterie allemande. »

« Citation (Août 1916, Légion d'Honneur). — Sur le front depuis
« le début de la campagne. A fait preuve comme officier de cavalerie
« de qualités d'audace, de sang-froid et de dévouement qui lui ont
« valu trois citations. Dans l'aviation depuis le 1ᵉʳ décembre 1914,
« s'est signalé d'abord comme observateur de bombardement et de
« reconnaissance, puis comme pilote de chasse. A abattu deux avions
« allemands le 4 mai et le 9 juillet 1916. »

« Citation de la N. 3. — Le général commandant la Xᵉ Armée,
« cite à l'Ordre de l'Armée l'escadrille N. 3 sous les ordres du capi-
« taine HEURTAUX : Brillante escadrille de chasse, se bat sans
« répit sur tous les fronts depuis deux ans, montrant le plus bel esprit
« de sacrifice. Sous les ordres du capitaine HEURTAUX, blessé à
« l'ennemi, vient de prendre part aux opérations de Lorraine et de
« Champagne. Pendant cette période a abattu cinquante-trois avions
« allemands, ce qui porte le nombre de ses victoires à cent vingt-huit
« avions officiellement détruits, et cent trente-deux autres désemparés. »

« Officier de la Légion d'Honneur. — Officier d'élite, d'abord
« cavalier d'une éclatante bravoure, est devenu un pilote de chasse
« d'une habileté et d'un sang-froid incomparables, se battant depuis
« trois ans avec la même joie et le même culte du devoir. Garde,
« au milieu des plus périlleuses attaques, le calme le plus étonnant
« et une audace splendide et donne un magnifique exemple de
« dévouement à la patrie. Blessé le 5 mai 1917, en attaquant seul neuf
« avions de chasse ennemis, a été de nouveau gravement atteint, le 3
« septembre, au cours d'un dur combat. A abattu vingt et un appareils
« allemands. Quinze fois cité à l'Ordre. Chevalier de la Légion
« d'Honneur pour faits de guerre. »

CAPITAINE DEULLIN
20 VICTOIRES

LE capitaine DEULLIN naquit à Epernay le 24 août 1890. Après de brillantes études, tant au collège de sa ville natale qu'au lycée de Pau, il alla passer un an en Allemagne. De retour, il s'engagea au 31e dragons.

Libéré en octobre 1912, avec les galons de sous-officier, il partit pour l'Angleterre où il se trouvait encore lorsqu'éclata la guerre. Mobilisé à son régiment d'active, il prend part à toutes les actions qui se déroulent en Lorraine et en Woëvre, il passe l'hiver 1914-1915 dans les tranchées, où, par sa belle conduite, il gagne les galons de sous-lieutenant.

Fin avril 1915, il passe dans l'aviation.

Après un court séjour à l'école de Chartres, il arrive au front le 2 juillet 1915, à la M. F. 62, où il se trouve affecté ; il se spécialise dans les reconnaissances, réglages d'artillerie, prises de photographies, bombardements, etc.

Le 12 février 1916 il obtient sa première citation.

Peu après, il est affecté à l'aviation de chasse. Il fait partie de la N. 3, et c'est à l'escadrille glorieuse des Cigognes, qu'illustrèrent les Guynemer, Heurtaux, Dorme, de la Tour, qu'il remporte sa première victoire, le 31 mars 1916, dans la région de Verdun.

Une blessure au bras le contraint à l'inaction durant un mois. Le 17 mai, il rejoint son escadrille à Cachy ; pilotant un SPAD muni d'un moteur HISPANO 150 CV, ses victoires se succèdent rapidement.

Décoré de la Légion d'Honneur, avec la citation suivante :

« Pilote d'un allant et d'un sang-froid exceptionnels, recherchant « sans cesse la lutte contre les avions ennemis. Blessé le 2 avril 1916, « au cours d'un combat aérien, a repris sa place à l'escadrille avant « d'être complètement guéri et a livré, depuis son retour, douze com- « bats heureux. Le 30 avril 1916, a attaqué à bout portant un appareil « ennemi et l'a abattu devant nos tranchées. Déjà cité deux fois à « l'ordre de l'Armée. »

Détaché à Verdun, avec le lieutenant Raymond, il y remporte de nouveaux succès.

Le 22 février 1917, il commande la SPA 73.

Tour à tour dans les Flandres, la Somme, le Soissonnais, DEULLIN prend part à toutes les grandes batailles : il n'est pas, sur le front, un coin du ciel de France qu'il n'ait exploré et qui n'ait été le témoin de ses combats glorieux.

En février 1918, DEULLIN prend le commandement du G. C. 19. Sous ses ordres, ce groupe, composé surtout de jeunes pilotes, devient une de nos plus brillantes phalanges.

Nous le retrouvons en Champagne, à Saint-Mihiel, à Château-Thierry, partout enfin où la bataille fait rage. Il est à l'offensive allemande, il est aux combats de la libération.

A l'armistice, il additionne vingt appareils ennemis.

Sa dernière victoire, avec la rosette d'officier de la Légion d'Honneur, lui valait la belle citation suivante :

« DEULLIN, merveilleux pilote de chasse, officier d'élite, modèle « des plus hautes vertus militaires, dont la bravoure, l'élévation de « caractère, l'intelligente activité sont devenues proverbiales dans « l'aviation française. Trois fois blessé en combat aérien, a toujours « repris, avant d'être entièrement remis, sa place dans la bataille. « A d'admirables qualités de combattant, unit les plus rares mérites « du chef. Par son exemple quotidien et son travail incessant a fait, « en trois mois, du groupe qu'il a créé, une unité d'élite.

« Dans les premiers jours de l'offensive allemande de mars 1918, « a exécuté, dans la pluie, au ras du sol, d'audacieuses reconnaissances « qui ont valu au commandement de précieux renseignements. A « abattu récemment son vingtième avion ennemi. »

SOUS-LIEUTENANT EHRLICH
19 VICTOIRES

CAPITAINE DE SLADE
19 VICTOIRES

NÉ en 1894, Jacques-Louis EHRLICH fit le début de la campagne d'abord dans l'infanterie, puis dans l'automobile.

En décembre 1916, il demande à passer dans l'aviation.

Compagnon du regretté Coiffard, en compagnie duquel il accomplit la plupart de ses croisières, EHRLICH, comme son camarade, compte à son actif plusieurs "drachens" abattus. Dans la même sortie, il réalise deux triplés.

Alors qu'il remportait sa dix-neuvième victoire, il est entouré par onze avions ennemis; mitraillé de toutes parts et légèrement blessé, il est contraint d'atterrir dans les lignes allemandes.

Immédiatement après la signature de l'armistice, il revint de captivité.

Légion d'Honneur, Médaille militaire, Croix de Guerre.

« *Première citation (Ordre de l'Armée N° 343, du 20 août 1917).* —
« *Caporal-pilote de l'escadrille Spad 154 : Jeune pilote qui, depuis*
« *ses débuts dans l'aviation de chasse, a donné la preuve de rare intré-*
« *pidité. Par deux fois dans la même journée a survolé et mitraillé*
« *les tranchées ennemies pendant une préparation d'attaque. Blessé*
« *grièvement de deux balles au bras, a eu l'énergie de ramener son*
« *appareil criblé de balles, d'éclats d'obus et gravement endommagé.* »

« *Septième citation (10 septembre 1918).* — *Pilote de chasse*
« *remarquable, se signale par une audace et une ténacité exceptionnelles*
« *qui lui ont valu douze victoires en un mois. A incendié trois*
« *"drachens" en quelques minutes. Une blessure.* »

« *Huitième citation (Ordre de l'Armée N° 407).* — *Pilote de*
« *chasse d'une bravoure exceptionnelle. Le 15 septembre avec un*
« *chef de patrouille a incendié trois "drachens" en moins de cinq*
« *minutes, portant à dix-huit le nombre de ses victoires.* »

« *Neuvième citation* — *Pilote servant d'exemple à l'escadrille par*
« *son ardeur au combat et le mépris du danger. Le 13 septembre 1918,*
« *à la tête d'une patrouille volontaire, a incendié un "drachen". Attaqué*
« *au retour par un groupe d'avions ennemis, après un dernier combat,*
« *est tombé dans les lignes ennemies.* »

LE capitaine HENRI-JOSEPH HAY DE SLADE, reçu à l'école de Saint-Cyr en 1913, était, à la mobilisation, en congé de convalescence.

Il partit dans les chasseurs à cheval ; en mars 1915 il passait au 14e hussards comme sous-lieutenant. La cavalerie étant démontée, demande à entrer dans l'aviation. Arrivé au front en janvier 1917, il se spécialise d'abord dans les liaisons d'infanterie et les reconnaissances au ras du sol, aussi n'est-il pas rare de la voir revenir, comme le 20 mars, avec son avion criblé de balles. Passé dans l'aviation de chasse, il abat son premier avion en mai 1917.

Promu capitaine, il se distinguait sur la Somme et dans l'Aisne. C'est le capitaine DE SLADE qui emmena au front le premier moteur HISPANO 300 CV monté sur SPAD avec lequel il obtint en quelques jours cinq victoires.

« *Première citation.* — *Officier de valeur et pilote plein d'allant,*
« *volontaire pour toutes les missions, les a remplies avec succès,*
« *rapportant de nombreux renseignements de reconnaissances faites à*
« *très basse altitude où il a souvent son avion endommagé. Le*
« *20 mai a abattu un biplace ennemi.* »

« *Deuxième citation (28 décembre 1917).* — *Excellent pilote de*
« *chasse, d'une volonté tenace et d'une ardeur inlassable. S'est dis-*
« *tingué pendant les attaques de l'Aisne, de Verdun et de la Malmaison*
« *où il a fait preuve des plus belles qualités d'audace et d'endurance.*
« *Le 5 décembre, après un des combats, a abattu son cinquième avion*
« *ennemi.* »

« *Troisième citation (Ordre Général N° 56, Légion d'Honneur).* —
« *Officier pilote d'une adresse et d'un entrain incomparables. Exemple*
« *constant d'endurance et d'énergie. Le 9 mai 1918 a remporté sa*
« *neuvième victoire en descendant en flammes dans nos lignes un avion*
« *de reconnaissance ennemi.* »

« *Quatrième citation (Ordre Général 10812).* — *Pilote de chasse*
« *hors pair à la tête d'une unité pour laquelle il est un exemple*
« *de devoir, continue la série de ses exploits en remportant en peu*
« *de temps ses quatorzième et quinzième victoires.* »

LIEUTENANT DE ROMANET
18 VICTOIRES

NÉ le 28 janvier 1894, à Saint-Maurice-de-Sathonay (Saône-et-Loire).

Engagé au 16e régiment de chasseurs à cheval part, à la mobilisation, comme maréchal des logis de peloton avec le 8e Corps d'Armée ; participe comme combattant à la bataille et à la retraite de Sarrebourg, aux combats des Hauts-de-Meuse, prend les tranchées dans la forêt d'Apremont, l'hiver 1914-1915, se trouve à Ailly au mois d'avril avec le 56e d'infanterie et ne passe dans l'aviation qu'en août 1915.

Fait ses débuts dans sa nouvelle carrière comme pilote de reconnaissance et de liaison d'infanterie, photographies, réglages d'artillerie. Au cours d'un mitraillage de tranchées, il est descendu par les feux de l'infanterie sur Biaches, rentre à chacune de ses sorties avec son avion criblé de projectiles. Au début de 1917, passe dans l'aviation de chasse, abat officiellement son premier avion le 3 mai près de Reims.

Au total, compte onze avions descendus dans nos lignes, un "drachen", six avions descendus dans les lignes ennemies, soit dix-huit victoires officielles. Légion d'Honneur, Médaille militaire, Croix de Guerre.

« Deuxième citation (17 octobre 1916). Pilote d'une valeur excep-
« tionnelle par son adresse, son audace et son dévouement. A toujours
« rempli intégralement, malgré les attaques des avions ennemis, les
« missions photographiques qui lui étaient confiées. S'est dépensé sans
« compter pendant les attaques de juillet, volant souvent à très basse
« altitude pour permettre à son observateur de rapporter des rensei-
« gnements précis et de prendre des photos des batteries ennemies. »

« Quatrième citation (23 mai 1917, Médaille militaire). — Pilote
« d'élite, aussi brillant dans l'aviation de chasse qu'il l'était déjà dans
« celle de reconnaissance. A livré de nombreux combats, faisant
« preuve en toutes circonstances des plus belles qualités militaires. Le
« 3 mai 1917, a attaqué dans leurs lignes deux avions de chasse
« ennemis et a abattu l'un d'eux. Déjà trois fois cité à l'Ordre. »

« Neuvième citation (Légion d'Honneur). — Officier d'élite. S'est
« fait remarquer dans la cavalerie dès le début de la campagne
« par de hardies reconnaissances, puis dans l'aviation d'observation
« et, enfin, dans l'aviation de chasse, où ses brillantes qualités de pilote,
« son sang-froid et sa crânerie au combat l'ont toujours fait citer en
« exemple. A entraîné sa patrouille à l'attaque d'avions ennemis très
« supérieurs en nombre, les a mis en déroute et a incendié l'un d'eux.
« Plus récemment, a abattu successivement deux avions allemands,
« remportant ainsi ses sixième et septième victoires. Médaille mili-
« taire pour faits de guerre, six citations. »

« Onzième citation (28 novembre 1918). — Chef d'escadrille plein
« d'allant, magnifique entraîneur d'hommes, a abattu deux avions
« ennemis les 10 et 14 octobre 1918 et un Focker qui est tombé dans nos
« lignes le 18 octobre 1918 (douzième, treizième et quatorzième
« victoires). »

Capitaine D'ARGUEEFF
15 victoires

Capitaine DE TURENNE
15 victoires

NÉ à Yalta (Crimée) en Russie, le 1er mars 1887, officier d'active dans l'armée russe où il avait le grade de lieutenant-colonel, se trouvait en France au moment de la déclaration de guerre. S'engagea au 131e régiment d'infanterie, où il fut gravement blessé et déclaré inapte. Après une convalescence, il demanda alors à passer dans l'aviation et devint bientôt un pilote remarquable.

Sa quinzième victoire lui valait la citation suivante :

Huitième citation (Ordre du G. Q. G. 12,239 " D "). — « D'ARGUEEFF Paul, capitaine d'active, au 131e régiment d'infanterie, pilote aviateur, a été nommé dans l'Ordre de la Légion d'Honneur au grade d'officier.

« Officier russe qui, dès le début de la campagne, a commandé une compagnie où sa bravoure superbe a été particulièrement remarquable. Gravement blessé et inapte à l'infanterie, est entré dans l'aviation. Pilote dans une escadrille française, puis en Russie où il a abattu six avions ennemis, est revenu en France sur sa demande avec la mission française et a repris du service dans l'aviation où il a continué à émerveiller ses camarades par son courage, son entrain et sa gaieté. A abattu neuf nouveaux avions ennemis, ce qui porte à quinze le nombre de ses victoires. Cinq blessures. Chevalier de la Légion d'Honneur pour faits de guerre. Sept citations. »

A l'armistice, sa croix de guerre portait neuf palmes et il était en outre titulaire des décorations russes suivantes :

Croix de Saint-Georges (officier); Sabre d'or de Saint-Georges; Croix de Saint-Vladimir, 4e classe; Sainte-Anne, 2e, 3e et 4e classes ; Saint-Stanislas, 2e et 3e classes.

NÉ au Mans (Sarthe) le 2 avril 1891, où son père, officier d'infanterie, tenait garnison. Descendant de l'illustre famille de Beaufort, lignée du maréchal de Turenne, engagé volontaire au 21e dragons, était à la mobilisation aspirant de cavalerie. Vint à l'aviation où il conquit rapidement ses grades, et le commandement de l'escadrille Spad 12 en janvier 1918. Exemple constant de bravoure et d'audace, compte à son actif quinze victoires, Légion d'Honneur, Croix de Guerre, Croix de la valeur italienne.

Première citation. — « Pilote remarquable par son entrain, toujours prêt aux missions périlleuses. Dans l'aviation depuis juillet 1915, a effectué quelques bombardements, fait plusieurs reconnaissances d'armée et livré de nombreux combats. A montré, aux dernières attaques de Verdun, un constant mépris du danger en descendant à faible altitude dans les lignes ennemies. A eu son appareil atteint sérieusement par des projectiles au cours de ses croisières. »

Deuxième citation. — « Officier pilote remarquable par son entrain, volontaire pour toutes les missions délicates et périlleuses. Le 17 mars, au cours d'un combat à courte distance, a touché sérieusement un biplace ennemi, le forçant d'atterrir près de nos lignes. Le 16 avril 1917 a exécuté sous un feu violent, à 200 mètres du sol, une reconnaissance des dernières lignes allemandes. A rapporté des renseignements précieux sur la progression de notre infanterie et sur les emplacements de l'infanterie ennemie. Le 26 avril 1917, avec deux autres pilotes, a abattu un biplace à 500 mètres des tranchées ennemies. »

Quatrième citation (Légion d'Honneur). — « Pilote très courageux qui donne journellement le plus bel exemple d'audace et d'allant. Le 6 juillet 1917 a abattu, au cours du même vol ses troisième et quatrième avions allemands, dont l'un dans nos lignes. Trois fois cité à l'Ordre. »

Septième citation. — « Chef d'escadrille de chasse, remarquable par ses brillantes qualités d'entrain, de mordant et d'autorité. A animé son unité du plus bel esprit de sacrifice par son exemple quotidien, et en a tiré le maximum de rendement. Pilote de premier plan, a abattu, les 29 janvier et 25 mars 1918, ses sixième et septième avions allemands. »

Lieutenant SARDIER
14 victoires

NÉ à Riom (Puy-de-Dôme) en 1897. Engagé volontaire pour la durée de la guerre en septembre 1914 au 5⁰ chasseurs d'Afrique. Passé dans l'aviation le 1ᵉʳ janvier 1916. Dix avions et cinq "drachens" abattus officiellement. En plus, il attaqua un zeppelin dans des circonstances très périlleuses.

Quelques-unes de ses citations :

Deuxième citation. — « *Pilote de chasse d'une adresse et d'une* « *bravoure admirables. Le 11 avril a attaqué, à moins de 400 mètres* « *du sol, un "drachen" et contraint l'observateur à sauter en parachute.* « *Le 3 juin 1917 a attaqué deux "drachens" dont l'un est tombé en* « *flammes.* »

Troisième citation (Médaille militaire). — « *Pilote audacieux qui* « *s'est distingué au cours de nombreux combats. Le 19 août 1917,* « *apercevant un groupe de trois avions ennemis à une altitude qu'il* « *ne pouvait atteindre, a attendu plus d'une heure au-dessous d'eux* « *qu'ils engagent le combat. Les 23 et 24 août, a effectué trois opé-* « *rations de bombardement importantes à une faible altitude, sous un* « *feu violent de l'ennemi. Un avion et un "drachen" abattus. Deux* « *fois cité à l'Ordre. (La présente nomination comporte l'attribution* « *de la Croix de guerre avec palme).* »

Huitième citation (Légion d'Honneur au grade de chevalier N⁰ 8195 " D ", extrait du 30 juin 1918). — « *Officier remarquable* « *d'entrain et de bravoure. A participé depuis 1916 à toutes les opé-* « *rations de son escadrille et a prouvé partout son incomparable* « *maîtrise dans la chasse, la reconnaissance, la photographie, le bom-* « *bardement à très faible altitude. Le surlendemain a réussi, malgré* « *la présence d'une forte patrouille ennemie, à incendier un "drachen".* « *Quelques jours après a remporté sa neuvième victoire. Médaille* « *militaire pour faits de guerre. Sept citations.* »

Neuvième citation. — « *Officier plein de courage, de ténacité et* « *de persévérance dans l'effort. Ne cesse de donner l'exemple d'un* « *entrain magnifique. Volontaire pour toutes les missions périlleuses,* « *a été, au cours des dernières offensives, par son patriotisme ardent* « *et sa foi dans le devoir, un modèle d'abnégation et de magnifique* « *bravoure.* « *Le   , après un furieux combat, a descendu son* « *douzième appareil ennemi dans nos lignes.* »

Sous-Lieutenant AMBROGI
14 victoires

NÉ le 6 juin 1896. Engagé volontaire pour la durée de la guerre le 15 septembre 1914.

Passé dans l'aviation le 20 février 1916.

Affecté à l'escadrille 90 en avril 1917, une citation, le 5 juillet, nous apprend qu'il est :

« *Pour les avions de réglage de la 130 division d'infanterie, un* « *pilote de protection de premier ordre.* »

Le 18 décembre, autre citation :

« *Pilote de chasse d'une bravoure et d'une habileté admirées entre* « *tous, a attaqué le 20 novembre les tranchées ennemies à moins de* « *500 mètres et est rentré avec un appareil criblé de balles. Le* « *30 octobre 1917, après un sévère combat, a obligé un avion ennemi* « *à atterrir dans nos lignes.* »

Le 2 avril 1918, il obtenait la Médaille militaire et, après quatre nouvelles victoires homologuées, il était décoré de la Légion d'Honneur.

Il se classait dès lors parmi les meilleurs chasseurs de "drachens".

Le 15 septembre voyait sa dixième victoire, et quatre nouveaux succès en octobre, dont un doublé le 15, portaient à quatorze le nombre de ses victoires officielles.

Quatorze victoires officielles, dont 11 "drachens".

Légion d'Honneur, Médaille militaire, onze fois cité à l'Ordre de l'Armée, une fois à l'Ordre de la Division.

Passé sous-lieutenant au 2⁰ régiment d'infanterie le 3 février 1918.

———

Adjudant GARAUD
13 VICTOIRES

NÉ à Saint-Antoine (Isère) le 27 août 1897. A dix-huit ans il quittait les bancs du collège pour s'engager comme mitrailleur au 2ᵉ groupe d'aviation de Lyon. Affecté à la défense du camp retranché de Paris, il lui advint cet extraordinaire accident : le 18 juin 1916, se trouvant sur un Voisin-canon, l'appareil où il avait pris place comme passager entra en collision avec un Nieuport, les deux appareils enchevêtrés descendirent dans une vrille vertigineuse. La mort des occupants paraissait certaine quand, par un miraculeux hasard, ils vinrent s'échouer sur les arbres. GARAUD s'en tira avec quelques égratignures, traduisant ses impressions par cette phrase : « Ce que je vivrai maintenant... ce sera du rabiot ! »

Au reste, cet accident lui facilita son affectation à une école de pilotage, et le 16 avril 1917 il joignait sur le front, l'escadrille 38 qui lui confiait un Spad Hispano 180 CV.

Douze jours après son arrivée, GARAUD abat un premier avion ennemi. Ses succès se précipitent jusqu'à ce qu'une blessure l'éloigne du front. Il compte alors douze victoires.

A peine rétabli, il reprend son service, et l'armistice arrête son compte à treize avions ennemis abattus.

Voici quelques-unes de ses citations :

« GARAUD, pilote d'un entrain admirable, d'une endurance, « d'une volonté et d'un courage exemplaires, qui a su donner, depuis « son arrivée à l'escadrille, toute la mesure de ses belles qualités d'au- « dace et d'adresse. A effectué de nombreuses missions de protection « et a livré plusieurs combats au cours desquels il a abattu trois avions « ennemis. Le 12 décembre 1917 a remporté sa quatrième victoire. « Légion d'Honneur. — GARAUD, pilote de chasse hors pair, a « abattu onze avions ennemis, a été très grièvement blessé après avoir « abattu son douzième appareil. Médaillé militaire pour faits de guerre. « Pilote de chasse hors pair. Le 30 octobre, au cours d'une patrouille « exécutée contre des "drachens" ennemis, a donné toute la mesure de « son audace et du plus magnifique sentiment de solidarité en engageant « le combat contre sept avions allemands pour protéger l'un de ses « camarades. Dès le début de l'attaque, paralysé dans ses moyens « par l'arrêt de sa mitrailleuse, a réussi à regagner nos lignes par un « miracle d'adresse et d'énergie, bien que poursuivi par ses adversaires « qui l'ont mitraillé au sol, le blessant légèrement au visage. »

Sous-Lieutenant NOGUES
13 VICTOIRES

NOGUES MARCEL, né le 24 janvier 1895, était étudiant à la mobilisation. Artilleur au début de la campagne, passe dans l'aviation comme élève-pilote en janvier 1916 et est breveté sur Voisin le 20 mai.

Treize victoires toutes remportées sur Spad-Hispano. Le 13 avril, il est descendu dans un combat contre deux as boches : cent balles dans l'appareil, moteur criblé, est fait prisonnier, mais s'évade par la Hollande, le 22 mai 1917.

A son retour au front, il est descendu par le canon le 13 août 1917 avec un éclat d'obus dans la jambe.

Il passe à l'escadrille 57 le 11 avril 1917 et y remporte de nouvelles victoires. Onze citations

Troisième citation (Ordre de l'Armée). — « Excellent pilote, plein « d'entrain et de courage, a eu plusieurs fois son avion atteint par « des projectiles en mitraillant à faible altitude les troupes alle- « mandes. A livré de nombreux combats et a réussi, le 4 mars 1917, « à abattre son adversaire. »

Quatrième citation. — « Revenu à son escadrille vingt jours après « s'être évadé d'Allemagne, a repris aussitôt son travail avec un « courage sans égal. Soutient chaque jour les plus durs combats. Le « 13 août, son avion complètement désemparé par un obus et blessé « lui-même, a réussi à regagner les lignes françaises grâce à ses « remarquables qualités d'adresse et de sang-froid. »

Huitième citation (Légion d'Honneur). — « Pilote d'une énergie « exceptionnelle et d'une bravoure admirable. A abattu récemment « deux avions en flammes, remportant ainsi ses sixième et septième « victoires (25 et 27 juin 1918). Une blessure. Médaillé militaire « pour faits de guerre. »

Dixième citation. — « Officier d'élite, alliant à ses qualités excep- « tionnelles de pilote de chasse, une maîtrise de soi, une énergie incom- « parable et un ardent esprit combatif. Le 17 juillet 1918, a attaqué « et incendié un "drachen" ennemi. Le 15 septembre, a incendié, coup « sur coup, deux "drachens". Son réservoir ayant été percé par une « balle, a pu néanmoins, à force de courage et de volonté, ramener « son appareil et atterrir dans le voisinage des lignes. »

Sous-Lieutenant JAILLER
12 victoires

Lieutenant HUGUES
12 victoires

Né à Roanne (Loire), le 23 novembre 1889. Pilote du temps de paix, breveté du 10 novembre 1911 par l'Aéro-Club de France. Très bon mécanicien avant la guerre, il remplissait les fonctions de contremaître dans une importante usine. Appelé en octobre 1912 au 2ᵉ groupe d'aviation comme pilote, il se distingua rapidement.

Première citation (Médaille militaire, juin 1915). — « *Le 16 mai 1915 n'a pas hésité, avec un mousqueton, d'attaquer un avion allemand armé d'une mitrailleuse qui survolait nos lignes : après un combat de vingt minutes, où il fit preuve des plus brillantes qualités de courage et d'adresse, a dû abandonner la lutte atteint de deux balles à la cuisse. A montré la plus grande énergie en atterrissant normalement malgré sa blessure et bien que son avion ait été atteint dans ses lignes essentielles.* »

Deuxième citation (Ordre G. Q. G., avril 1916). — « *Pilote de premier ordre dont la modestie égale la bravoure. Vient de livrer une série de combats aériens où il a toujours eu l'avantage. Le 8 mars a attaqué un avion ennemi dans ses lignes et l'a forcé à atterrir près des tranchées. Le 18, a attaqué trois L. V. G. et les a mis en fuite, bien qu'ayant reçu une balle dans le moteur. Le 1ᵉʳ avril, a combattu un avion à Spincourt et l'a forcé à atterrir. Le 4, a abattu un L. V. G., tombé dans ses lignes.* »

Troisième citation (Groupe des Armées du Nord. Légion d'Honneur). — « *Pilote de chasse, merveilleux d'adresse, de courage et de sang-froid. D'une modestie rare qui rehausse encore toutes ses qualités. Sert d'exemple à tous ses camarades, a abattu le 4 juin 1917 son onzième avion ennemi, le 12 juin, son douzième.* »

Trois de ses citations :

(Ordre de l'Armée du 5 juillet 1917)

« *HUGUES Marcel, sous-lieutenant à l'escadrille Nᵒ 81, jeune officier aussi remarquable dans l'aviation qu'il le fut dans l'infanterie. Le 20 mai 1917, se portant à l'attaque d'un "drachen", a combattu quatre avions ennemis qui s'opposaient à l'accomplissement de sa mission. A abattu l'un de ses adversaires qui s'est écrasé dans ses lignes.* »

(Ordre de l'Armée, du 10 septembre 1917)

« *HUGUES Marcel, lieutenant à l'escadrille Nᵒ 81, officier d'élite. Pilote de premier ordre. Superbe d'entrain et de bravoure. Le 20 août, a remporté sa septième victoire en abattant un appareil qui s'est écrasé sur le Mort-Homme, exaltant ainsi l'enthousiasme de l'infanterie qui arrachait cette position à l'adversaire.* »

(Ordre de l'Armée)

« *Pilote de chasse incomparable. Remarquable chef d'escadrille, qui a su communiquer à ses pilotes son esprit du devoir, sa fougue et sa science du combat. A abattu les 23 décembre 1917 et 11 avril 1918, ses dixième et onzième avions ennemis.* »

CAPITAINE LEPS
12 VICTOIRES

LIEUTENANT DALADIER
12 VICTOIRES

ÉTAIT brigadier au 9ᵉ hussards à la mobilisation. Passa successivement maréchal des logis, aspirant, puis sous-lieutenant dans la même arme. — La poitrine traversée par une balle à l'attaque de Beauséjour en juillet 1915, demanda à entrer dans l'aviation à son retour au front.

Débuta comme observateur, se distinguant notamment comme passager du pilote Flachaire. Puis devint pilote à son tour à l'escadrille du capitaine Maudinaud la N. 81.

C'est en Alsace qu'il commence à chasser le Boche. Son premier exploit, le 16 mars 1917, est un beau doublé sur deux biplans à cinq minutes d'intervalle.

La liste de ses succès va s'allonger rapidement.

Entre temps, attaqué le 30 avril au-dessus du Mont Cornillet, il a son palonnier coupé et tombe en vrille entre les tranchées ; il peut regagner nos lignes sans blessures.

A l'armistice il commandait la SPA 81, avec laquelle il obtint ce résultat remarquable : 30 victoires officielles en ne perdant qu'un seul pilote : Simon. Il avait sous ses ordres de Cazenove, Herbelin, Perronneau, Dhôme, pléiade de grands chasseurs.

Nommé chevalier de la Légion d'Honneur avec la citation suivante :

(Ordre du G. Q. G., avril 1917).

« Jeune officier courageux et ardent. Déjà blessé et cité à l'Ordre, « s'est brillamment conduit le 16 mars 1917, abattant, au cours d'un « même vol, deux avions ennemis, dont un est tombé dans nos lignes. »

Le 5 avril, il est vainqueur de l'as allemand Theiller, enterré trois jours, après à Mulhouse.

Le 20 août 1917, quatrième succès : un biplace abattu sur le Mort-Homme.

Le 23 mai 1918, il obtenait sa dixième victoire, un "drachen", et le 15 juin sa 12ᵉ.

NÉ à Villedieu (Vaucluse) en 1882. Engagé au 4ᵉ spahis en 1907. Il fit toute la campagne du Maroc. A la mobilisation, revint en France avec son régiment, il resta près d'un an dans les tranchées de l'Artois.

Sur sa demande passe dans l'aviation en septembre 1915, et part au front directement dans la chasse en avril 1916. Il se servit de tous les types de moteurs HISPANO : 150, 180 et 200 CV, et du 220 CV-canon, avec lequel il obtint sa dernière victoire.

A l'armistice, il avait la Légion d'Honneur, la Médaille militaire, la Croix de Guerre et neuf palmes.

Quelques-unes de ses citations :

(4 mai 1917)

« Excellent sous-officier, ayant déjà fait preuve de belles qualités « en Algérie et au Maroc. Passé dans l'aviation, s'est montré un pilote « d'une bravoure à toute épreuve. A exécuté de nombreuses recon- « naissances lointaines et livré plusieurs combats. Le 14 avril 1917, « a abattu un avion ennemi dans des conditions particulièrement « difficiles. »

(13 juin 1918)

« Pilote remarquable par son habileté et sa bravoure. A récemment « incendié un "drachen", protégé par une forte patrouille ennemie, « remportant ainsi sa cinquième victoire. Médaillé militaire pour « faits de guerre, trois citations. »

(27 juillet 1918)

« Pilote admirable par son habileté et son allant au combat. Depuis « deux ans et demi dans l'aviation, a toujours fait preuve dans les « nombreuses missions de protection et de chasse qui lui ont été confiées, « d'un esprit du devoir très élevé. A porté récemment à sept le nombre « de ses victoires. Médaillé militaire pour faits de guerre, quatre « citations. »

(23 octobre 1918)

« Pilote hors de pair, d'un allant et d'un courage extraordinaires. « Toujours en tête de ses pilotes, a su développer chez eux un entrain « qui assure à son unité un rendement remarquable. Toujours à la « tête de sa patrouille a abattu un "drachen" et un avion, portant ainsi « à neuf le nombre de ses victoires. Médaillé militaire et chevalier de « la Légion d'Honneur pour faits de guerre, quatre citations. »

Sous-Lieutenant CASALE
12 VICTOIRES

Capitaine DE SÉVIN
12 VICTOIRES

LE sous-lieutenant JEAN CASALE est né le 24 septembre 1893, à Olmetta-di-Tuida, en Corse. A la mobilisation, servait au 8ᵉ chasseurs à cheval. Après quelques mois passés dans les tranchées, obtint d'être versé dans l'aviation.

Breveté sur Maurice Farman, le 15 mai 1915, il était d'abord affecté au réglage et à la reconnaissance, puis entrait dans l'aviation de chasse, à l'escadrille 23.

Le 8 juillet 1915, étant maréchal des logis, il abattait son premier appareil ennemi (un "drachen"), et obtenait la belle citation suivante :

« *Pilote exemplaire, accomplissant chaque jour les missions qui*
« *lui sont demandées quelles que soient les circonstances. Le 1ᵉʳ juin,*
« *ayant fait une chute grave à la tombée de la nuit, demande à repartir*
« *le lendemain matin, refusant tout repos, malgré de nombreuses con-*
« *tusions.*
« *Le 8 juillet, ayant manqué le matin le "drachen" qu'il devait*
« *incendier, repart seul et sans ordres à midi, et n'ayant pas encore*
« *réussi, attaque dans la soirée un troisième "drachen" qu'il détruisit,*
« *parcourant ainsi trois fois dans la journée les lignes ennemies à faible*
« *altitude en donnant à tous le plus bel exemple de la conception du*
« *devoir.* »

Promu adjudant peu après, il avait encore une citation.

« *Pilote de chasse de premier ordre, infatigable, toujours à la*
« *recherche d'un combat. Le 11 décembre a abattu son quatrième*
« *avion ennemi, en flammes, à proximité de nos lignes.* »

De nouvelles victoires lui valaient bientôt sa nomination au grade de sous-lieutenant.

A l'arrêt des hostilités, il comptait douze boches à son tableau et était alors, à l'escadrille SPA 38, le fidèle compagnon du capitaine Madon.

NÉ à Toulouse, le 10 mars 1894, élève de l'école de Saint-Cyr, DE SEVIN était, au début de la guerre, sous-lieutenant au 19ᵉ chasseurs à pied. Blessé dans l'Argonne le 12 avril 1915, réformé, il s'engagea dans l'aviation où son oncle, le commandant de Roze, avait acquis déjà une grande notoriété.

Affecté à l'escadrille N. 12, il descendait son premier avion le 12 juillet 1916, en Champagne. Depuis il participa à toutes les attaques, soit au G. C. 11, soit au G. C. 12 où il commandait l'escadrille 26, dont fit partie Garros après son évasion ; quand ce dernier trouva la mort, ils patrouillaient ensemble.

A l'armistice, le capitaine DE SEVIN comptait douze victoires.

Quelques-unes de ses citations :

Première citation (8 octobre 1916) — « *Pilote plein d'audace*
« *et d'entrain, a livré un grand nombre de combats dans les lignes*
« *ennemies. Le 11 juillet 1916 a attaqué à moins de 25 mètres, un*
« *avion ennemi et l'a forcé à repasser les tranchées à 200 mètres d'al-*
« *titude et à atterrir immédiatement après.* »

Deuxième citation (7 juin 1917). — « *Pilote plein d'allant et de*
« *sang-froid. Le 15 décembre 1916 a été à moins de 200 mètres, par*
« *un temps défectueux, reconnaître l'emplacement des réserves enne-*
« *mies. Est revenu en rapportant un renseignement des plus précieux*
« *permettant d'arrêter une contre-attaque. A pris un rassemblement*
« *important sous le feu de sa mitrailleuse, y semant le désordre.* »

Troisième citation (Légion d'Honneur) — « *Brillant pilote de*
« *chasse, ayant une haute conception du devoir, toujours prêt pour*
« *les missions difficiles. Blessé dans l'infanterie au début de la cam-*
« *pagne, entré dans l'aviation, a abattu son deuxième appareil ennemi*
« *le 4 mars 1917. Déjà trois fois cité à l'Ordre de l'Armée.* »

Sous-Lieutenant GUYOU
12 VICTOIRES

COMMENCE la campagne dans l'infanterie, puis passe dans la cavalerie au 8e régiment de chasseurs à cheval ; enfin dans l'aviation en 1916 ; figure au palmarès avec douze victoires officielles, Légion d'Honneur, Médaille militaire, Croix de Guerre.

Quelques-unes de ses citations :

Deuxième citation (Ordre Général N° 6682, du 6 avril 1918). Médaille militaire. — « Excellent sous-officier qui s'est toujours dis-
« tingué au Maroc antérieurement à la guerre actuelle. Passé sur sa
« demande dans l'aviation, s'y est fait remarquer par son habileté et
« sa bravoure, combattant toujours avec le plus bel entrain, malgré
« deux blessures reçues au cours de la campagne. A abattu un avion
« ennemi le 30 octobre 1917. Une citation. »

Cinquième citation (Ordre Général N° 9695, du 9 septembre 1918).
— « Officier d'élite, a commencé la campagne dans l'infanterie où il
« s'est comporté brillamment. A la suite d'un combat engagé courageu-
« sement contre un ennemi très supérieur en nombre, a été grièvement
« blessé. A peine guéri a rejoint le front, et de nouveau est retourné
« à l'attaque, avec un entrain et un courage merveilleux. Le 3 août 1918,
« a abattu un avion ennemi, portant ainsi à cinq le nombre de ses vic-
« toires. Deux blessures. Médaillé militaire pour faits de guerre.
« Trois citations. »

Septième citation (Ordre Général N° 10668, du 16 octobre 1918).
— « Officier d'élite. D'abord cavalier d'une éclatante bravoure, est
« devenu un pilote de chasse de premier ordre. Exécute toutes les missions
« qui lui sont confiées avec le plus bel entrain, un grand courage et
« une rare audace qui sont un exemple constant pour ses camarades
« d'escadrille. Le... a abattu un "drachen" et un biplace, portant ainsi
« à neuf le nombre de ses victoires. Deux blessures. Cinq citations.
« Médaillé militaire pour faits de guerre. Légion d'Honneur. »

Adjudant ARTIGAU
12 VICTOIRES

A COMMENCÉ la campagne dans l'infanterie. Passé dans l'aviation de chasse, il s'y révèle bientôt comme le digne élève de son regretté maître, le lieutenant Guérin.

Quelques-unes de ses citations :

(Ordre de l'Armée N° 1192, du 30 décembre 1917)
« Pilote d'une ardeur et d'une audace extrêmes, qui s'affirme comme
« un aviateur de chasse de première valeur. Le 1er novembre 1917,
« avait déjà abattu un biplace ennemi au cours d'un combat très dur,
« d'où il est revenu avec un appareil criblé de balles.
« Le 13 décembre 1917, a remporté sa seconde victoire en abattant
« un autre biplace allemand qui s'est écrasé sur les tranchées ennemies. »

(Ordre de l'Armée N° 9260, du 21 août 1918)
« Pilote de chasse dont la bravoure et l'allant sont pour ses camarades
« un très bel exemple, a remporté, les 7 juin et 22 juillet 1918, ses
« neuvième et dixième victoires. Quatre citations. »

(Ordre de l'Armée N° 12480, du 23 décembre 1918)
« Pilote de chasse hors pair. Le 28 octobre 1918 a remporté sa
« onzième victoire. Médaillé militaire pour faits de guerre. Six cita-
« tions. »

C'est le 1er novembre 1917 que l'adjudant Artigau abattit son premier avion. Le 3 février 1918, aidé du lieutenant Guérin, il triomphait pour la troisième fois près de Nogent-l'Abesse. A la fin du mois d'avril, il comptait cinq victoires.

Le 22 juillet 1918, au cours d'un combat livré dans la région de Ville-en-Tardenois, il conquit les honneurs du communiqué et à la fin d'octobre, il s'adjugeait une onzième victoire officielle.

Sous-Lieutenant HÉRISSON
11 VICTOIRES

Lieutenant ORTOLI
11 VICTOIRES

CLASSE 1914, sous-officier de cavalerie pendant la première année de la guerre. Passe dans l'aviation en 1915. Descend ses cinq premiers Boches à Verdun en deux mois de temps avec un Spad-Hispano 180 CV. Puis prend un 220 CV, avec lequel il remporte ses six autres victoires officielles dont les dixième et onzième dans une seule sortie.

Quelques-unes de ses citations :

Première citation (Ordre N° 8 du 40 C. H., du 18 février 1917). —
« A escorté souvent les aviateurs en cours de missions photogra-
« phiques, loin à l'intérieur des lignes ennemies, livrant de nombreux
« combats et permettant chaque fois à l'avion de photographie de remplir
« sa mission. »

Cinquième citation (Médaille militaire. Ordre G.Q.G. 596 du
18 novembre 1917). — « Pilote de chasse très brave et plein d'entrain ;
« le 25 septembre 1917, après un combat où il a fait preuve d'une
« habileté consommée, a abattu dans ses lignes son cinquième avion
« ennemi. Trois citations. »

Septième citation (Ordre N° 347 du 16 C. A., du 28 mars 1918). —
« Pilote de chasse particulièrement adroit et courageux, plein d'en-
« train. Auxiliaire précieux, quant à l'éducation pratique et morale
« des jeunes pilotes ; s'attache à tous instants à leur communiquer
« sa fougue. »
« A obtenu, dans nos lignes, sa sixième victoire. »

Neuvième citation. — « Étant chef de patrouille, a obtenu sa
« septième victoire, abattant, près d'un ballon français, un mono-
« place ennemi qui venait pour l'incendier. »

Dixième citation (Chevalier de la Légion d'Honneur. Ordre 7793,
du 12 juin 1918). — « Depuis dix-huit mois dans une escadrille de
« chasse, a, chaque jour, affirmé davantage son courage et son entrain.
« A remporté sa neuvième victoire en abattant un avion ennemi venu
« pour attaquer un de nos ballons. Médaille militaire pour faits de
« guerre. Huit citations. »

NÉ à Paggio-di-Fallano en juillet 1895. Avait passé son brevet de pilote avant la guerre, et il était en Turquie où se trouvaient ses parents en août 1914. Il rejoignit la France après avoir été capturé par le *Gœben* en Méditerranée.

Engagé volontaire en septembre 1914, il a été affecté aussitôt à la M. F. 8 où il reçut une blessure et abattit son premier avion — un Rumpler. Il passa ensuite dans la chasse à la SPA 15 où il descendit onze avions dans nos lignes ou en flammes. Il fut quatre fois descendu par l'ennemi et reçut six cent trente-six éclats d'obus et balles dans ses différents appareils.

A l'armistice avait la Légion d'Honneur, la Médaille militaire, la Croix de Guerre avec huit palmes et l'étoile.

Quelques-unes de ses citations :

« Le général commandant la IIIe Armée cite à l'Ordre de l'Armée :
« ORTOLI Jacques-Georges, adjudant pilote à l'Escadrille 31
« Le 24 mars a abattu son sixième avion allemand qui est tombé en
« flammes sur les premières lignes allemandes sous le feu de notre
« infanterie. » Signé : Mazet
« Le général commandant la Ve Armée, cite à l'Ordre de l'Armée :
« ORTOLI Jacques-Georges, adjudant pilote à l'escadrille N° 31.
« Le 25 mars a abattu deux avions ennemis, l'un dans nos lignes,
« l'autre sur les tranchées allemandes (septième et huitième avions
« descendus par ce pilote). »
« ORTOLI Jacques-Georges, adjudant pilote à l'escadrille N° 31,
« a été nommé dans l'ordre de la Légion d'Honneur au grade de che-
« valier : Magnifique soldat et pilote hors pair, d'une ardeur admirable
« au combat. A déjà abattu huit avions ennemis. A montré dans des
« reconnaissances à longue portée une intelligence, une ténacité et un
« courage rares. Déjà cinq fois cité à l'Ordre et Médaillé militaire
« pour faits de guerre. Cette nomination comporte l'attribution de
« la Croix de Guerre avec palmes. » Signé : Debeney
« Le général commandant la Ve Armée cite à l'Ordre de l'Armée :
« ORTOLI Jacques-Georges, sous-lieutenant d'infanterie, pilote à
« l'escadrille N° 31. Le 19 juin attaque et abat avec deux autres
« pilotes un avion ennemi sur ses lignes. Un autre avion allemand se
« présentant, il l'attaque seul et l'abat immédiatement près des lignes. »
Signé : Fayolle

ADJUDANT **BERTHELOT**
11 VICTOIRES

SOUS-LIEUTENANT **MAUNOURY**
11 VICTOIRES

FAIT le début de la campagne comme fantassin, ne vient que très tard dans la guerre, à l'aviation où il remporte rapidement et brillamment les victoires qui lui valent le communiqué.

Comme Artigau, il fut l'élève de Guérin. Sa première victoire, une "saucisse", date du 24 mars 1918. Le 31 mai, il obtenait sa cinquième victoire.

Ses dixième et onzième victoires furent remportées le même jour, le 9 octobre : il aperçoit un camarade aux prises avec sept monoplaces, le dégage et abat un de ses agresseurs. Les six autres s'acharnent sur lui ; il en descend un à nouveau et met les autres en fuite. Il a tiré onze balles en tout.

Quelques-unes de ses citations :

Troisième citation (Ordre de l'Armée N° 1298, du 16 juin 1918). — « *Pilote de chasse de première valeur. Le 27 mai a remporté sa* « *quatrième victoire en abattant en flammes un avion ennemi.* »

Cinquième citation (Ordre de l'Armée N° 8629, du 7 juillet 1918). Médaille militaire). — « *Remarquable pilote de chasse d'une haute* « *valeur morale et d'une habileté exceptionnelle. Modèle de bravoure* « *et d'entrain. A abattu récemment son sixième avion ennemi.* « *Quatre citations.* »

Sixième citation (Ordre de l'Armée N° 10071, du 27 septembre 1918). — « *Pilote de chasse d'une bravoure éprouvée. Donne le plus* « *bel exemple d'entrain et de science du combat. A remporté le 14 août* « *et le 7 septembre ses septième et huitième victoires. Cinq citations.* »

NÉ à Saint-Clair-de-Halouze (Orne). Avant la guerre s'occupait d'élevage. A la mobilisation, part comme fantassin. Après six mois de tranchées, il est blessé grièvement.

Proposé pour le service auxiliaire, il refuse et s'engage dans l'aviation.

Après quelques mois d'apprentissage, il est envoyé au front comme mitrailleur sur G. 3 et à sa première sortie au-dessus des lignes, descend un avion ennemi.

Après cet exploit, demande à passer dans la chasse. Au retour de l'école de pilotage, il est affecté à l'escadrille 152 sur appareil Nieuport.

On lui confia ensuite un SPAD-HISPANO 200 CV, avec lequel il réalisait dix victoires en quarante-huit heures de vol.

Un jour, après avoir incendié un "drachen" à 800 mètres, il reçoit un obus de plein fouet dans son appareil et ce n'est que par miracle qu'il peut regagner nos lignes.

En Champagne, il fut souvent le compagnon de vol de Bourjade et tous deux, plusieurs fois, se sauvèrent mutuellement la vie.

A l'armistice, il avait la Légion d'Honneur, la Croix de Guerre avec sept palmes et une étoile.

LIEUTENANT NUVILLE
11 VICTOIRES

LIEUTENANT BOUYER
12 VICTOIRES

NÉ à Puybrun (Lot) le 4 mars 1889. Faisait son droit avant la guerre.

A la mobilisation, il partit comme sergent au 83ᵉ d'infanterie à Saint-Gaudens, après huit mois de campagne, il fut blessé d'une balle au pied, blessure qui l'avait rendu inapte pour toutes les armes, mais après d'incessantes démarches, il obtint son admission dans l'aviation.

Il fit son apprentissage à Buc en mars 1916 et fut breveté en juin ; envoyé en novembre au front, à la glorieuse SPA 57 qui se trouvait à ce moment à Verdun où il fut le compagnon de Hauss.

Il fut longtemps sans obtenir de résultats, il commençait à se décourager quand Chaput arriva à cette escadrille et l'assista de ses conseils, enfin le 24 septembre 1917 il eut son premier succès sur un biplace qui vint s'écraser dans nos lignes.

Le 12 avril il descendait un biplace et obtenait sa cinquième victoire le 30 mai sur un "drachen".

A l'armistice, il avait onze victoires officielles dont sept dans nos lignes. Il avait obtenu la Légion d'Honneur, la Croix de Guerre avec dix citations, cinq palmes et cinq étoiles, la Croix et la Médaille italiennes de la valeur militaire.

Il prit le commandement de la SPA 154 à la mort de Coiffard.

Quelques citations :

« *Officier d'un courage et d'une maîtrise rares. A remporté ses* « *sixième et septième victoires officielles en abattant un biplace et un* « *monoplace ennemis tous deux en flammes et dans nos lignes.* »

« *Officier d'élite, modèle de bravoure, menant journellement de durs* « *combats où son audace, son adresse triomphent toujours de ses adver-* « *saires, faisant ainsi l'admiration de ceux qui l'entourent. A fourni* « *dans les dernières batailles un effort superbe, remportant sa dixième* « *victoire officielle en abattant un avion dans nos lignes.* »

CLASSE 1911. Né à la Rochelle. Breveté pilote d'avant guerre. Débute à la mobilisation en qualité de motocycliste, puis passe bombardier au C. R. P. Sur sa demande est versé dans le personnel navigant, comme pilote de chasse, en mai 1918.

Il fit partie de la SPA 49 pendant le reste de la campagne.

A l'armistice, il comptait 12 victoires, était décoré de la Légion d'Honneur, de la Médaille militaire, de la Croix de Guerre avec huit palmes et une étoile et du D. M. C. anglais.

Citation :

(Chevalier de la Légion d'Honneur)

« *Pilote de chasse d'élite qui s'est imposé comme exemple de devoir* « *à toute son escadrille par ses splendides qualités de volonté et de* « *bravoure, a abattu en flammes, dans ses lignes, un appareil ennemi* « *remportant ainsi sa huitième victoire. Médaillé militaire pour faits* « *de guerre.* »

Lieutenant BOZON-VERDURAZ
11 victoires

AU début de la guerre, fait partie du 9ᵉ régiment de hussards, passe dans l'aviation après deux ans de campagne, accomplit des missions périlleuses pour devenir ensuite un excellent pilote de chasse.

Il fut un des meilleurs élèves de Guynemer et son compagnon favori dans ses dernières patrouilles. Le 11 septembre quand ce dernier fut tué, ils chassaient ensemble.

Deuxième citation
(Ordre du 2ᵉ Corps d'Armée, Nº 1950, du 2 janvier 1917)

« Excellent pilote, calme et adroit. D'un allant et d'une audace « à toute épreuve, s'est particulièrement distingué au cours de la « bataille de la Somme, notamment pendant les attaques des 4, 6, 7 et « 14 septembre 1916, volant très bas pour pouvoir accomplir les missions « qui lui étaient confiées. A continué en novembre et décembre à par- « ticiper à des réglages de tir dans des conditions atmosphériques « très défavorables. »

Troisième citation
(Ordre général Nº 57, du 6 novembre 1917, E-2207)

« Officier de premier ordre. Pilote remarquable. A donné, pendant « l'offensive des Flandres de 1917, de nouvelles preuves de sa bravoure « au cours des nombreux combats qu'il a livrés, toujours avec la même « fougue et le même esprit de sacrifice. »

Sixième citation
(Légion d'Honneur)
(Ordre général Nº 6698 D, avril 1918)

« Officier-pilote remarquable. Pendant deux ans a fait l'admiration « de l'escadrille de Corps d'Armée dans laquelle il servait, menant « à bien les missions les plus ardues, ne cessant de rechercher la bataille « avec la plus joyeuse ardeur. A abattu coup sur coup trois avions « ennemis dans l'espace de quatre jours. Une blessure, trois citations. »

Dixième citation
(Ordre Nº 10024, du 22 septembre 1918)

« Excellent pilote de chasse. Chef d'escadrille remarquable. A abattu « son huitième avion ennemi le 29 mai 1918 et son neuvième le 17 août. « Une blessure. Chevalier de la Légion d'Honneur pour faits de guerre. « Huit citations. »

Sous-Lieutenant HERBELIN
10 victoires

Deuxième citation

« Pilote de premier ordre plein d'énergie et de courage, « le 25 janvier 1917, a abattu un avion allemand qui tentait à « s'opposer à l'accomplissement de sa mission. »

Cinquième citation
(Légion d'Honneur)

« Sous-lieutenant de réserve à titre temporaire, au 8ᵉ escadron « du train des équipages militaires. Pilote au service aéronautique d'un « groupe d'armées.

« Pilote d'une adresse merveilleuse dont l'habileté s'est affirmée « par de multiples victoires. Toujours prêt au combat a déjà à son actif « neuf avions ennemis abattus. Médaille militaire pour faits de guerre. « Quatre citations. »

Sous-Lieutenant WADDINGTON
10 VICTOIRES

L E sous-lieutenant WADDINGTON naquit à Lyon le 28 octobre 1893. Amateur de sports, il se passionne pour le golf et le tennis.

La guerre éclate, il est incorporé avec la classe 1915, et sur sa demande, il est versé dans l'infanterie, service armé.

En mars 1915, il rejoint au front le 141e d'infanterie. Passé caporal, il demande son passage dans l'aviation. Comme mitrailleur il est affecté à l'escadrille N. 67, sous les ordres du capitaine de Saint-Sauveur.

En juin 1916 son frère, le maréchal des logis pilote F. WADDINGTON est tué en combat aérien : il veut devenir pilote à son tour et se fait breveter à Buc. Aussitôt il rejoint au front la N. 12 que commande le capitaine de Bernis. De là, il passe à la SPA 154 où, sur un Spad, il remporte ses neuf premières victoires. Enfin, à la SPA 31, sa dixième victoire lui vaut les honneurs du communiqué

Voici quelques-unes de ses citations :

(Ordre de l'Armée du 27 juillet 1918)
« Remarquable pilote de chasse, d'une bravoure et d'une conscience « exceptionnelles, vient de remporter ses quatrième et cinquième « victoires en abattant, avec un autre pilote, un avion et un "drachen".»

(Ordre de l'Armée du 22 août 1918)
« Très bon pilote de combat. Vient d'abattre, avec deux de ses « camarades, un avion et un "drachen". Sixième et septième victoires. »

(Ordre de l'Armée du 6 décembre)
« Officier d'une grande bravoure. A continué la série de ses exploits « en abattant le 9 août un "drachen" et le 21 août un monoplace en « flammes. »

(Ordre de l'Armée)
« Officier pilote d'une bravoure et d'une audace peu communes, « jointes à une habileté et à un sang-froid magnifiques. A remporté « sa dixième victoire en abattant un monoplace en flammes au cours « d'un combat extrêmement dur avec plusieurs pilotes de chasse ennemis ; « à la suite de ce combat, a dû atterrir sur les premières lignes, son « appareil criblé de balles. »

« L'Ordre No 11385, du 9 novembre 1918, le nomme chevalier de « la Légion d'Honneur. »

Capitaine LAHOULLE
10 VICTOIRES

A CCOMPLIT la première année de guerre dans la cavalerie où, en reconnaissance, son cheval est tué sous lui ; il est lui-même grièvement blessé et reçoit la croix de la Légion d'Honneur, une des premières de la guerre.

Inapte à faire la campagne, il demande à servir dans l'aviation comme observateur dans l'escadrille du capitaine de Beauchamps, ensuite comme chasseur dans l'escadrille du lieutenant Chaput avec lequel il remportait sa première victoire, le 28 mars par un doublé sur deux albatros. En mai, il abat deux avions et cinq "drachens".

En juillet, il venait de descendre trois "saucisses" en quelques minutes, lorsqu'il fut grièvement blessé par une balle explosive qui, entrant par le cou, sortait par la poitrine, obligea le blessé à atterrir entre les lignes, dans les trous d'obus, et gagner un abri en rampant, mitraillé à terre par six fokkers qui l'avaient poursuivi.

Il fut promu officier de la Légion d'Honneur avec la citation suivante :

« Officier d'une bravoure superbe, à la tête d'une escadrille de chasse, « a obtenu de cette unité un rendement exceptionnel et remporté dix « victoires officielles. Après avoir incendié en quelques minutes trois « "drachens", attaqué par des avions ennemis, a été grièvement blessé, « est tombé entre les lignes et, grâce à son énergie, a pu rentrer au « milieu de nos troupes dont il a fait l'admiration. Une blessure anté-« rieure. Six citations. »

A l'armistice il était en fonction au Ministère de l'Aéronautique et fut chargé d'une mission de propagande en Amérique.

ADJUDANT MACÉ
10 VICTOIRES

ADJUDANT PEZON
10 VICTOIRES

NÉ à Pau le 5 février 1898, MACÉ préparait les Arts-et-Métiers lorsque la guerre éclata.

Engagé volontaire en 1915, au 23ᵉ dragons, puis versé dans les "crapouillots", il réussit à entrer dans l'aviation en février 1917.

Son stage dans une école de pilotage terminé, il arrive au front en août 1917 et est affecté à la SPA 90 en Lorraine.

Il obtint ses dix victoires sur 180 et 220 CV HISPANO.

Comme Ambrogi et Pezon, dont il fut souvent le compagnon, il se spécialisa dans l'attaque des "drachens".

A l'armistice, il était titulaire de la Médaille militaire et de la Croix de Guerre avec sept palmes et deux étoiles.

Voici la citation qui lui confère la Médaille militaire :

Sixième citation

« Pilote dont l'abnégation, l'audace et le désintéressement sont
« du plus bel exemple pour tous. Est rentré seize fois à son terrain
« avec son appareil et ses vêtements criblés de balles. A déjà abattu
« deux avions et un "drachen". A remporté le... deux nouvelles victoires
« en incendiant deux ballons d'observation ennemis. »

BREVETÉ pilote en fin d'année 1917, arrive au front au début de 1918, venant de l'artillerie de campagne d'Afrique. Dans la chasse aux "drachens" il se fait rapidement remarquer, en ayant incendié huit, sur dix victoires qui lui sont comptées officiellement.

Sa première victoire date du 5 mars. Le 30, il attaque un train de permissionnaires boches à Château-Salins. Le 4 avril, apercevant un détachement ennemi sur la route, il va le mitrailler à moins de 100 mètres et rentre avec son avion criblé de balles.

Médaille militaire et Croix de Guerre.

Quelques-unes de ses citations :

« Jeune pilote qui tient à honneur de marquer chacun de ses vols
« par un geste d'audace. Les 11 février, 5, 12 et 24 mars, a livré de
« sévères combats jusqu'à ce que les avions ennemis piquent désemparés
« dans leurs lignes. Les 7, 8, 16 et 30 mars, a attaqué à la mitrailleuse
« jusqu'à 50 mètres du sol des tranchées ou des cantonnements ennemis
« et est rentré avec son avion gravement touché par les balles de terre.
« Le 27 mars, a attaqué un "drachen" dont les observateurs ont sauté
« en parachute. Le 4 avril, a attaqué à 200 mètres d'altitude, à la
« bombe et à la mitrailleuse, des formations ennemies et les a dispersées. »

« Jeune pilote ardent au combat, se jouant du danger avec une joyeuse
« crânerie. Le 17 mai 1918, a abattu en flammes un "drachen" ennemi. »

(Citation Nº 219, du 15 juillet 1918)
« Après un sévère combat, a contraint un avion ennemi à atterrir
« désemparé en vue de nos lignes. A incendié récemment un "drachen". »

(Citation du 28 septembre 1918, Médaille militaire)
« Pilote intrépide et d'une volonté à toute épreuve. A rendu des
« services précieux en effectuant à basse altitude et au prix de vingt
« combats sévères, un travail d'armée, en monoplace, particulièrement
« fructueux. A remporté, le 2 septembre 1918, sa troisième victoire
« officielle en abattant en flammes un drachen qu'il poursuivit jusqu'au
« sol. Est rentré fréquemment de ses missions avec un appareil rendu
« hors d'usage par les balles ennemies. »

Adjudant GASSER
10 victoires

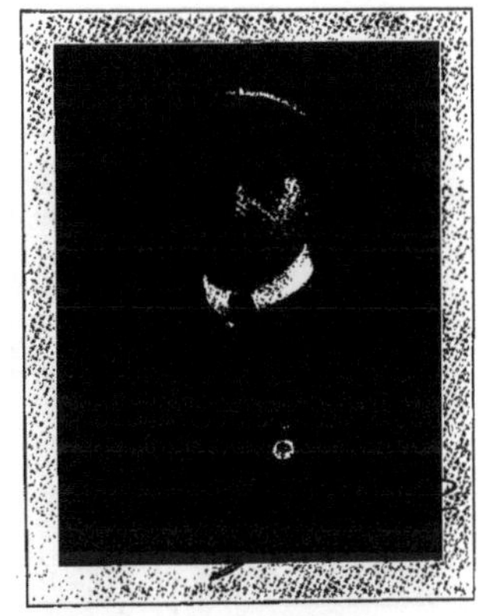

Adjudant BIZOT
10 victoires

NÉ le 2 février 1897 à Pompey (M.-et-M.) l'adjudant GASSER à fait ses études au lycée de Nancy qu'il a quitté en 1913 pour se préparer au commerce.

Il s'engage pour la durée de la guerre le 21 août 1914, volontaire pour les Dardanelles, il part en avril 1915.

Au bout de deux ans de campagne en Orient on s'aperçoit qu'il est trop jeune et il rentre en France le 10 février 1917 où il demande à entrer dans l'aviation.

Après des stages dans diverses écoles, il est affecté à la Spa 87 à Lunéville, très heureux d'être en Lorraine et de pouvoir patrouiller et monter la garde au-dessus de Pompey sa ville natale.

A sa première rencontre avec l'ennemi, le 16 février 1918 il abat un biplace; les 17 et 19 mars, c'est au tour de deux Rumpler, le 24 mars un autre biplace et un drachen le 27.

Du 16 au 18 juillet 1918, il abat 15 avions dont 10 sont homologués.

Le 18 juillet 1918, au cours d'un engagement en Champagne contre 8 monoplaces Fokker D VII, il est blessé à la jambe par une balle explosible.

Malgré l'amputation du pied gauche il continue à piloter avec autant de facilité qu'avant.

« *(Citation de la Légion d'Honneur). — Pilote de chasse hors* « *pair. Par son ardeur toujours égale, son dévouement à toute épreuve* « *sa simplicité, a été constamment un remarquable exemple pour ses* « *camarades. Au cours des nombreux combats qu'il a engagé sans* « *souci du nombre de ses adversaires, a eu maintes fois son avion* « *criblé de balles et a remporté 8 victoires. A été grièvement blessé* « *dans un combat inégal. (Médaille militaire pour faits de guerre, 5* « *citations).* »

« *(Ordre du 16 octobre, « Officiel » du 9 décembre). Pilote de* « *chasse d'une bravoure et d'une énergie exceptionnelles. Le 16 février* « *et le 19 mars 1918, au cours d'admirables combats engagés sans* « *souci du nombre des adversaires, ni de l'éloignement de nos lignes,* « *a abattu deux avions ennemis, portant ainsi à 10 le nombre de ses* « *victoires.* »

NÉ le 5 novembre 1896, MAURICE BIZOT a commencé la guerre en janvier 1915 comme artilleur après avoir effectué ses études à l'école nationale de Voiron.

En mai 1917, il fut affecté à Dijon comme élève pilote et dirigé sur Istres où il passa son brevet en juillet. Il fit ensuite des stages à Avord et à Pau où il se perfectionna sur Nieuport.

Au début d'octobre 1917, arriva à la Spa 90. En plus du travail de chasse, il effectuait de nombreuses reconnaissances photographiques sur monoplace, ainsi que des bombardements à basse altitude.

Après plusieurs combats en mars 1918, il abat 2 monoplaces. Ensuite 4 drachen en flammes les 30 juillet; 7 et 8 août et 21 août. Le 23 août il descend un L. V. G. dans nos lignes. Le 2 septembre un drachen, au retour il fut blessé au visage. Revenu à l'escadrille après une courte convalescence, il se voit homologuer 2 drachen les 21 et 29 octobre

« *(Citation pour Médaille militaire). — Pilote d'un courage admi-* « *rable, toujours volontaire pour les missions les plus périlleuses. A* « *exécuté de nombreux bombardements et reconnaissances à basse* « *altitude très loin à l'intérieur des lignes ennemies. Le 2 septembre* « *1918 a abattu un drachen en flammes et a été grièvement blessé* « *en regagnant nos lignes à 200 mètres du sol. Deux cents heures de* « *vol sur l'ennemi.*

« *4 avions abattus, 3 citations.* »

« *(Légion d'Honneur). — BIZOT Maurice adjudant 2° régiment* « *de chasse.*

« *Pilote de chasse d'une valeur exceptionnelle. A exécuté de nom-* « *breux bombardements et reconnaissances à faible altitude. A abattu* « *3 avions et 7 ballons. Une blessure, 6 citations.* »

BRITANNIQUES

Captain Jos. Mc. CUDDEN
54 VICTOIRES

Major Wm A. BISHOP
72 VICTOIRES

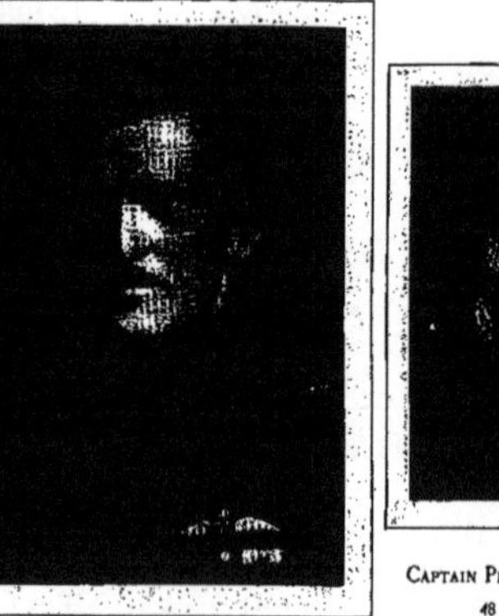

Captain Philip F. FULLARD
48 VICTOIRES

Captain Henry W. WOLLETT
28 VICTOIRES

Captain Allain WILKENSON
19 VICTOIRES

Lieutenant Stanley ROSEVEAR
18 VICTOIRES

BRITANNIQUES

Lieutenant Clive WARMAN
15 VICTOIRES

Lieutenant R. T. C. HOIDGE
14 VICTOIRES

Lieutenant
Jos. STEWART FALL
13 VICTOIRES

Captain Robert DODDS
11 VICTOIRES

Lieutenant M. D. C. SCOTT
11 VICTOIRES

Lieutenant
Raymond COLLINSHAW
10 VICTOIRES

AMÉRICAINS

LIEUTENANT GEORGE A. VAUGHN
13 VICTOIRES

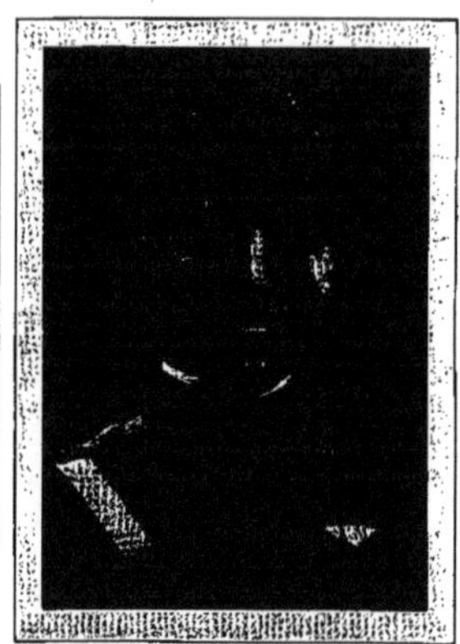

CAPTAIN RICKENBACKER
26 VICTOIRES

LIEUTENANT KINDLEY
12 VICTOIRES

LIEUTENANT ELLIOTT W. SPRINGS
12 VICTOIRES

CAPTAIN REED G. LANDIS
12 VICTOIRES

LIEUTENANT SWABB
10 VICTOIRES

ITALIENS

Sous-Lieutenant SCARONI
6 VICTOIRES

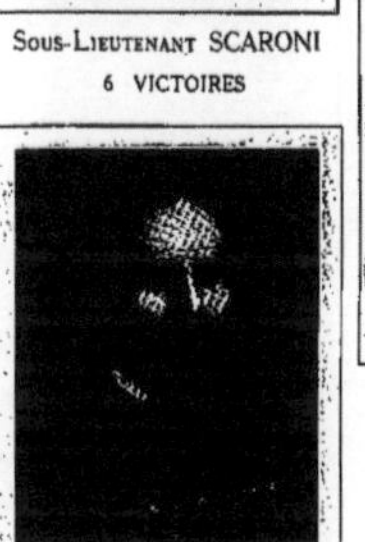

Capitaine BARACCHINI
21 VICTOIRES

Sergent CERUTTI
17 VICTOIRES

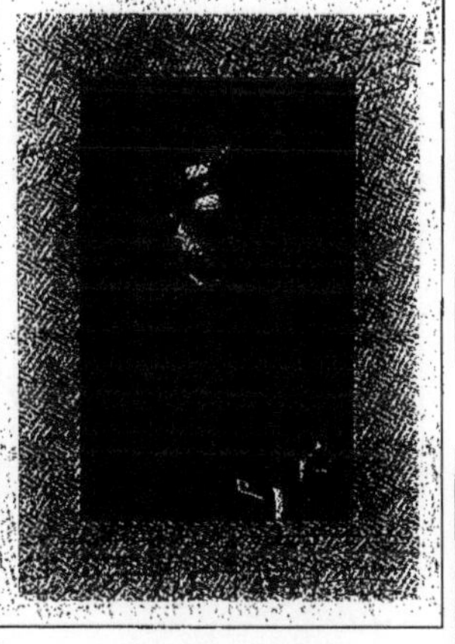

Lieutenant-Colonel PICCIO
25 VICTOIRES

Lieutenant REALI
11 VICTOIRES

Capitaine
RUFFO di CALABRIA
22 VICTOIRES

Capitaine RANZA
20 VICTOIRES

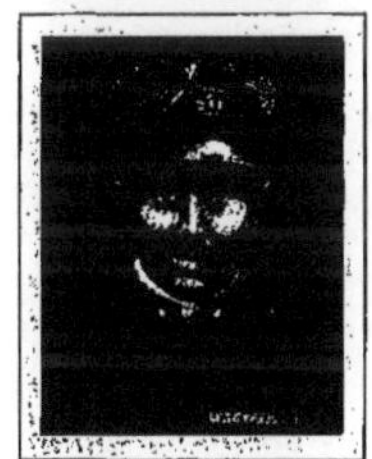

Lieutenant ANCILOTTO
10 VICTOIRES

BELGE

Sous-Lieutenant THIEFFRY
10 VICTOIRES

LES SOUS-SECRÉTAIRES D'ÉTAT A L'AÉRONAUTIQUE
QUI ONT CONTRIBUÉ PUISSAMMENT AU DÉVELOPPEMENT DE L'AVIATION FRANÇAISE

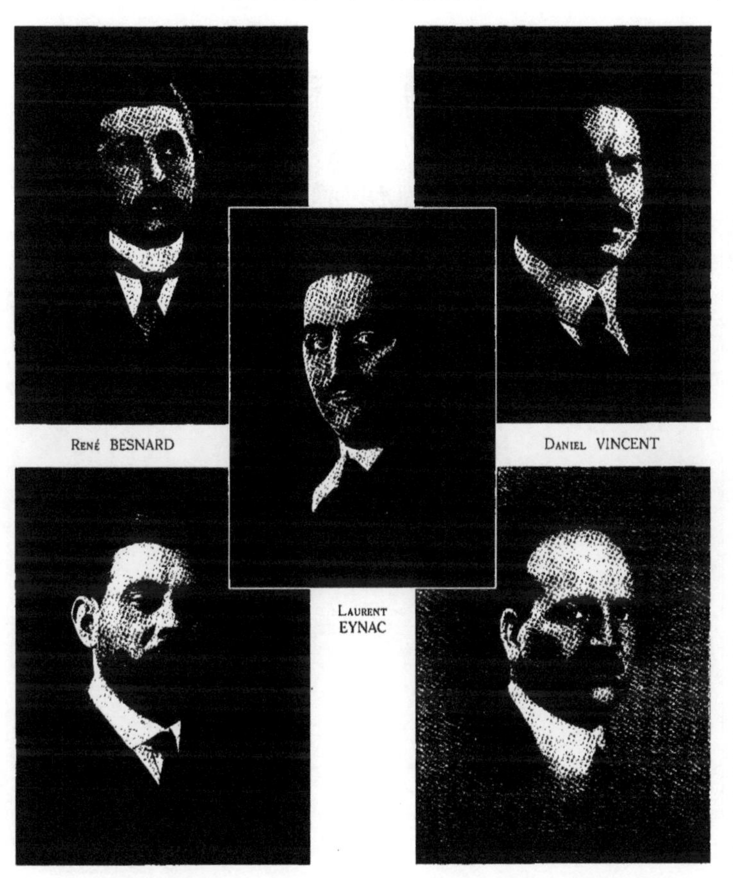

PLAQUE SOUVENIR APPOSÉE A L'ENTRÉE
DES USINES HISPANO-SUIZA
A LA MÉMOIRE DE GUYNEMER

APRÈS
LA
GUERRE

APRÈS LA GUERRE

A la cessation des hostilités, la Société Hispano-Suiza a repris sa fabrication d'avant-guerre, l'automobile, et s'est attaquée au problème le plus ardu, la voiture de grand luxe.

Dans cette voie, le génie mécanique de M. BIRKIGT s'est encore affirmé et le nouveau châssis qu'il a créé, grâce à ses qualités indiscutables, a pris immédiatement une des premières places sur le marché mondial.

De 1919 à 1923, l'usine de Bois-Colombes ne fabrique exclusivement que cette voiture 32 CV 6 cylindres, un groupe marin dont le moteur est à peu près celui de la voiture et les moteurs d'aviation 180 et 300 CV types construits déjà pendant la guerre.

En 1923, M. BIRKIGT entreprend de nouvelles études :

1 châssis 4 cylindres 85 × 110,
1 châssis 6 cylindres 85 × 110,

et différents moteurs d'aviation :

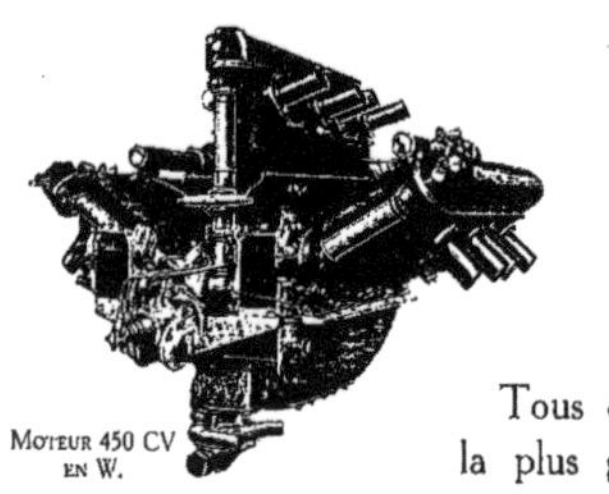

350 - 400 CV
12 cylindres en V 120 × 150,

450 - 500 CV
12 cylindres en V 140 × 150,

450 - 500 CV
12 cylindres en W 140 × 150.

MOTEUR 450 CV
EN W.

Tous ces nouveaux modèles réalisent la plus grande perfection technique.

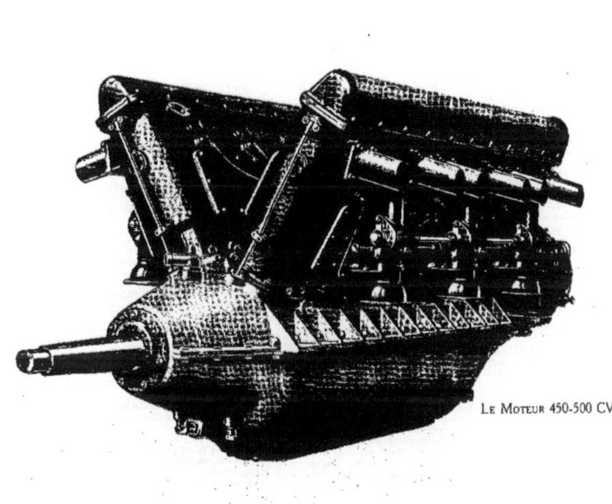

Le Moteur 450-500 CV en V.

La Voiture 32 CV.

LA NOUVELLE 6 CYLINDRES
HISPANO-SUIZA

Opinions dans la Presse à son apparition au salon 1919.

Marc Birkigt, créateur de la 6-cylindres Hispano-Suiza, connaît au Salon actuel un véritable triomphe, du consentement unanime de ses pairs. Il a réalisé un châssis qui résume et synthétise merveilleusement tout ce que la mécanique automobile d'aujourd'hui doit aux œuvres de guerre et aux longues méditations du chercheur.

J'ai déjà, d'ailleurs, conté cette histoire. Birkigt et son châssis Hispano-Suiza sont au tout premier plan : il faut remonter aux origines pour apprécier toute l'étendue du chemin parcouru.

C'était au Salon d'il y a douze ans. Me promenant au hasard des galeries qui m'ont déjà donné tant de révélations — dont beaucoup ont assez joliment fait leur chemin — je tombai un jour en arrêt sur un châssis tout à fait ignoré, mal placé, mal éclairé : mais je reçus dès le premier examen, la révélation, le choc, l'émotion que produit toujours la vue d'un chef-d'œuvre. Hispano-Suiza, ce nom ne me disait rien. Et je voulais connaître l'ingénieur, car par l'homme on juge mieux une mécanique.

Marc Birkigt ! Sa physionomie est aujourd'hui familière : on connaît son regard profond. Tous ceux qui l'ont entretenu ont été frappés du calme équilibre de son esprit et de l'extraordinaire lucidité de ses avis. Je fus profondément frappé, et tel La Fontaine rasant autrefois tous ses amis avec son : « *Avez-vous lu Baruch ?* » — Je disais à tous : « *Connaissez-vous Birkigt ? Avez-vous vu le châssis Hispano-Suiza ?* »

Je n'eus de cesse que le grand ingénieur m'ait promis de venir courir en France ; et quand il eut couru et gagné, de la façon dont chacun se souvient encore (première et historique victoire des 4-cylindres sur le mono), je lui affirmai qu'il devait venir s'installer en France, où il connaîtrait la grande consécration.

Ce fut, aussitôt, la grande vogue du style Alphonse XIII, conçu, créé, mis au point dès 1909 et qui, durant la Grande Guerre, a manifesté de telles qualités d'endurance, de souplesse, d'économie, de vitesse qu'aucun de ceux qui ont eu entre les mains une de ces voitures ne s'en souvient sans joie.

Vint la guerre. Birkigt, Suisse de naissance, est Français de cœur, de sentiments, de cerveau. Son clair génie, aux formes simples, ne saurait admettre la lourde complication germanique. L'ingénieur a un grand cœur va travailler pour nous. En quelques semaines, seul, tout seul, il établit les projets d'un moteur d'aviation, le fameux 150 CV à huit cylindres, moteur pour lequel il ne prend pas moins de dix-sept brevets.

Il apporte ce moteur au gouvernement français ; il l'offre pour une somme infime. Naturellement, M. Lebureau militaire refuse. Conclusion : Birkigt, qui sait bien ce qu'il a réalisé, construit son moteur lui-même et révèle aux essais une supériorité si manifeste, si éclatante qu'elle emporte toutes les résistances. Beaucoup d'ingénieurs avaient pris le départ en même temps afin de doter les alliés d'un bon moteur d'avion ; mais quand la victoire arrivera enfin, on aura établi plus de 50.000 moteurs Hispano-Suiza dérivés du type initial, ces moteurs auront été établis dans 21 usines — dont 14 françaises — toutes licenciées d'Hispano-Suiza.

.•.

Une œuvre juge un homme. Mais nous ne sommes pas au bout. Jusqu'à la dernière minute de la guerre, Birkigt n'aura travaillé que pour nous. Dès l'armistice, il se met à l'œuvre. Ce sont d'abord les journées de solitude, de rêverie, de flânerie même, croirait-on, la cigarette éteinte aux lèvres, puis soudain, le bouillonnement d'un surprenant génie. La fièvre de l'enfantement le laissera après quelques jours comme las et épuisé, mais il n'y a déjà plus rien à reprendre au premier jet... Le caractère définitif, achevé, de tout ce que conçoit le créateur de la Hispano est, sans doute, le trait dominant de sa personnalité mécanique.

Et c'est la voiture d'aujourd'hui.

Personne, savant, technicien, praticien, pratiquant ou amateur, personne qui n'ait été attiré par ce châssis aux lignes pures, par cet ensemble si harmonieusement équilibré. Même la foule ne s'y trompe pas : cela fut, dans l'après-midi du dimanche une ruée au stand Hispano-Suiza. Elle ne comptait guère d'acheteurs probables. Faut-il donc être peintre pour goûter la maîtrise du Vinci, ou musicien pour se sentir subjugué par Beethoven ?

6 cylindres de 100 × 140, en un monobloc où rien ne paraît. Ces cylindres sont d'aluminium avec une chemise d'acier. La commande des soupapes par en-dessus met directement en œuvre cette fameuse distribution à plateaux qu'on ne peut plus discuter aujourd'hui. Ne parlez pas d'audace : n'oubliez pas que 50.000 moteurs d'Hispano-Suiza, plus allégés encore, ont fait leurs preuves et manifesté une résistance étonnante.

Écueil du 6-cylindres, le *thrash*. Birkigt a médité et réalisé un vilebrequin statiquement et dynamiquement équilibré : la difficulté est vaincue.

Il est le maître du moteur à haut rendement, mais puisqu'il vise une voiture de grand luxe, il lui faut un couple élevé aux basses allures. Comment il y a réussi ? C'est ce que vous diront tous ceux qui ont essayé la voiture et sont demeurés stupéfaits. En fait, le moteur donne déjà 100 chevaux à moins de 1.600 tours : jugez du reste.

Le graissage est celui du moteur d'aviation : pour l'allumage on a eu recours au système Delco : le carburateur est établi en collaboration avec Solex et tout ceci permet un ensemble d'un dessin incomparable.

Bloc moteur, cela va de soi, avec un embrayage impeccable et une boîte qui ignore le ronflement. A l'arrière de la boîte, un dispositif nouveau, le servomoteur, sur lequel nous aurons tout à l'heure à revenir.

La transmission du mouvement aux roues arrière s'opère par un arbre à un seul joint de cardan. Tout l'ensemble est incontestablement léger, à raison de l'étude minutieuse de chacune des pièces. Pas de matière inutile, pas de poids mort superflu.

On passe aux essais, d'emblée, la voiture révèle une tenue de la route supérieure à tout ce qu'on a jamais vu. La direction, très stable, s'avère d'une douceur, d'une sûreté merveilleuses. La consommation est faible, la durée des bandages surprenante. Je demande à l'auteur du châssis s'il consentirait à établir un type sport : « *Non, me répond-t-il, car cela changerait la répartition des poids et des efforts. C'est une étude à reprendre.* » Jugez de sa conscience et de la certitude qu'il a acquise d'avoir pleinement atteint son objectif.

.•.

Le nouveau châssis Hispano-Suiza a le freinage sur les quatre roues, ce qui ne vous surprendra pas, après ce que j'en ai dit au cours de la Revue technique du Salon. Mais ici encore Birkigt a marqué sa solution d'une empreinte magistrale. Il imagine un dispositif curieux, extrêmement simple, qui amplifie en quelque sorte l'effort exercé sur la pédale de frein. Ce mécanisme, dit servo-frein, entre en jeu pour la commande des freins sur les 4 roues : un mécanisme de différentiel est prévu sur l'arbre qui commande la timonerie, en sorte que tout souci d'un réglage minutieux, identique, des freins avant est supprimé.

Le résultat ? Je l'ai déjà dit, mais on ne saurait trop le répéter. Quelle que soit la vitesse — et le 140 à l'heure est familier au nouveau châssis Hispano-Suiza — on peut freiner, les mains ayant abandonné la direction, sans que la voiture dévie de sa ligne. On peut de même freiner en plein virage sans constater le moindre dérapage.

L'intérêt d'une voiture ainsi traitée est précisément dans son excédent de puissance qui augmente la sécurité d'emploi. En cinquante mètres, on passe de 90 à l'heure à 30 à l'heure ; en moins de 400 mètres, parti de 0, on a dépassé le 100 à l'heure. Quel conducteur, dans ces conditions, regardera à ralentir, puisque ces foudroyantes reprises et ces puissants freinages lui garantissent malgré tout une moyenne de marche exceptionnelle. Avec ce châssis Hispano-Suiza, je tiendrais le pari suivant « *Faire 60 de moyenne sur Paris-Lyon, sans jamais dépasser le 70 !* » et j'aurais la certitude de gagner.

Ajoutez à ceci qu'une telle voiture n'a jamais à travailler à plein régime et qu'ainsi le moteur et tout l'ensemble peuvent connaître une longévité insoupçonnée.

Veut-on un autre exemple du caractère pratique et simple des solutions Hispano-Suiza ? Qu'on étudie alors le robinet à trois voies prévu par Birkigt pour l'alimentation en essence.

Tenez : regardez encore toutes les pièces de direction : elles n'offrent pas ce caractère disgracieux et disproportionné qu'on rencontre dans trop de voitures. Certains ont prévu des pièces énormes, alors que les efforts sont devenus assez faibles, puisque tous les points de direction, ou presque, ont leurs axes qui passent par le point de contact du bandage avant et du sol.

.•.

Mais je n'en finirais point si je voulais dire toutes les raisons qu'on a d'admirer. Quel que soit l'ensemble d'organes, la pièce même qu'on étudie, on trouve matière à enseignement. Il faut dire aussi que bien peu d'ingénieurs connaissent l'outillage moderne au même degré que Birkigt. Il dessine une pièce et voit du même coup son montage pour les opérations d'usinage.

« *Une belle machine*, avait accoutumé de dire le regretté Reuleaux, *est toujours une bonne machine.* »

Jamais peut-être la parole du grand maître n'a pu être vérifiée au même degré que par la nouvelle 6-cylindres Hispano-Suiza.

L'Auto, 19 octobre 1919.　　　　　　C. FAROUX.

Chaque année, avant la guerre, le Salon de l'Automobile consacrait la royauté mécanique d'une marque. On s'abordait entre initiés et connaisseurs, en se demandant : « Avez-vous vu le châssis X ? »

Cette année, après six ans d'interruption, la curiosité fut grande de savoir quel serait le châssis des connaisseurs. Mais si la curiosité fut grande, l'attente ne fut pas longue. Dès le troisième jour, l'opinion même des concurrents avait fixé son choix : la 6-cylindres Hispano-Suiza. Aussi bien d'ailleurs, ceux qui sont dans le secret des dieux et des bureaux d'études, et qui avaient suivi le travail de guerre, l'avaient aisément prévu. Le moteur d'aviation Hispano-Suiza, dont on a pu lire ici même, en tête de ce journal, l'éloge mérité, quand il parut sur la Somme et qu'il révéla les Guynemer, les Nungesser et tous les héros de notre aviation de chasse, ce moteur, en avance sur ses rivaux, avait été « le moteur de la guerre ».

La 6 cylindres Hispano-Suiza est la grande voiture de l'après-guerre. M. Birkigt, le remarquable ingénieur qui a créé l'un et l'autre et l'un de l'autre, voit son stand envahi, au Salon de l'Automobile. C'est le centre moral du Salon.

Ce qui frappe dans l'Hispano, c'est, à côté de la pureté des lignes, l'étude infinie de chaque détail. A l'avant, la cigogne symbolique de la fameuse escadrille des Hispano-Suiza, celle des compagnons du brave commandant Brocard, étend ses ailes d'argent, abritant l'intelligence et la pensée sous l'héroïsme. Toute notre histoire.

Le Journal, 19 octobre 1919.　　　　　　Georges PRADE.

Sa Majesté ALPHONSE XIII, Roi d'Espagne,
dans une de ses voitures 6 Cylindres Hispano-Suiza,
arrive a Tolède avec Sa Majesté ALBERT Ier, Roi des Belges.

QUELQUES PERFORMANCES RÉALISÉES DEPUIS 1918

SUR LA ROUTE [1]

COUPE GEORGES BOILLOT
1922

Le 2 Mars 1921. — M. André DUBONNET bat le record Paris-Nice, 942 km. en 12 h. 35 min. (ayant quatre personnes à bord et des bagages).

Le 2 Juillet 1921. — M. André DUBONNET, sur le circuit de Boulogne, gagne la Coupe Georges BOILLOT, 377 km. à 103.800 de moyenne, battant les records établis sur ce circuit (meilleur tour : 37 km. à 113.900 de moyenne).

Le 7 Août 1921. — M. Robert MASSE gagne la coupe de l'Automobile club du Pas-de-Calais.

Le 10 Juillet 1922. — A Ostende, course du kilomètre lancé, M. Robert MASSE fait le meilleur temps touriste.

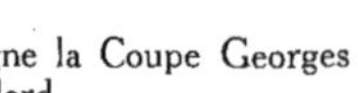

COUPE GEORGES BOILLOT
1921

Le 31 Juillet 1922. — M. BABLOT, sur le circuit de Boulogne gagne la Coupe Georges BOILLOT, à 103.840 de moyenne, sous la pluie et dans le brouillard.

Le 22 Octobre 1922. — En Italie, M. André DUBONNET, sur l'autodrome de Monza, remporte le Grand Prix d'Automne, 400 km. en 3 h. 2', soit 132 km. à l'heure de moyenne.

Le 23 Mars 1923. — M. Philippe de ROTHSCHILD bat le record Paris-Nice, effectuant le parcours en 12 heures 30.

Le 10 Avril 1923. — M. BAEHR bat le record Paris-Nice, effectuant le parcours en 11 h. 24 min.

Le 3 Juin 1923. — Course de côte de Poix, 1er M. Robert MASSE en 1'13".

Le 26 Juillet 1923. — En Espagne, sur le circuit de Saint-Sébastien, sur les 425 km. du parcours :

1er M. André DUBONNET, en 4 h. 52 min.
2e M. GARNIER, en 4 h. 59 min.
3e M. BOYRIVEN.

Le 2 Septembre 1923. — Sur le circuit de Boulogne, M. GARNIER fait de loin le meilleur temps sur les 448 km. du parcours qu'il effectue à 114 de moyenne. Le 2e est M. BOYRIVEN qui bat le record du tour 37 km. à plus de 120 de moyenne.

Le 11 Novembre 1924. — A Brooklands, M. W. BARNATO fait 300 miles à 148 km. 34 de moyenne et 500 km. à 148 km. 71 de moyenne, Il bat, pour la classe H, les records du monde suivants : 2 et 3 heures, 200 et 300 miles, 250, 300, 400 et 500 kilomètres.

(1) Ces quelques succès ont été obtenus par des clients avec leur voiture personnelle, la Société " Hispano-Suiza " ne voulant pas prendre part aux courses.

M. Bablot gagne la
Coupe Boillot
Boulogne 1922.

M. André Dubonnet
en Sicile,
Targa Florio 1924.

M. Garnier au Circuit de Saint-Sébastien 1923.

M. André Dubonnet à son arrivée à Boulogne — 1921.

SUR L'EAU

MEETING DE MONACO 1920 :

Croisière Lyon-Monaco. — Le ROLAND-GARROS fait le meilleur temps des Cruisers de moins de 10 mètres.

Championnat de la mer. — NIEUPORT-HISPANO est le premier du classement par temps additionné, en 3 h. 32 min.

Omnium. — 1er ROLAND-GARROS.

MEETING DE MONACO 1921 :

Prix de la Côte d'Azur. — 1er MYOSOTIS, à M. LECOMTE (coque Seyler).

Prix de Monte-Carlo. — 1er NIEUPORT-I (coque Nieuport).

Prix Léon Démanest. — 1er NIEUPORT-I.

Prix Louis Forest. — 1er NIEUPORT-I.

Prix de l'International Sporting Club. — 1er NIEUPORT-II.

Prix de Monaco. — 1er NIEUPORT-I.

Omnium. — 1er MYOSOTIS, à M. LECOMTE (coque Seyler).

Prix de la Méditerranée. — 1er EXCELSIOR-18, à M. CLARKE (coque F. Celle).

Prix des Alpes-Maritimes. — 1er NIEUPORT-I.

Championnat de la mer. — 1er NIEUPORT-I. 200 km. en 3 h. 12 min., temps qui n'avait jamais été atteint dans cette course.

Le 22 décembre 1923. — L'Hydro-glisseur MARCEL-BESSON, piloté par CANIVET, atteint 121 km. 062. RECORD DU MONDE SUR L'EAU.

MEETING DE CANNES 1924 :

Scratch 10, 80 et 100 km. — 1er ISMONA, à M. JALLA (coque Picker).

Handicap international, 100 km. — 1er ISMONA, à M. JALLA (coque Picker).

Coupe de Cannes. — 1er PACIFOU, à M. FRANÇOIS (coque Picker).

Hydro-Glisseur
Marcel Besson.

Le Nieuport — Hispano.

Hydro-Glisseur Nieuport,
moteur 300 CV.

Nieuport, moteur 180 CV.

Le
"Roland-Garros"
groupe marin, 32 CV.

Le "Capitaine-Guynemer"
groupe marin, 32 CV.

DANS LES AIRS

—

DISTANCE

22 Septembre 1919. — En Amérique, le capitaine SCHROEDER, sur appareil VOUGHT, moteur 150 CV, gagne la course New-York-Toronto.

22 Octobre 1919. — SADI LECOINTE, sur appareil SPAD HERBEMONT, gagne la coupe Deutsch de la Meurthe, à 249 km. de moyenne.

31 Mars 1920. — En République Argentine, le capitaine ALMONACID traverse de nuit la Cordillère des Andes sur appareil muni d'un moteur 220 CV.

24 Juillet 1920. — En Angleterre, le Derby aérien est gagné par COURTNEY, sur appareil MARTINSYDE, moteur 300 CV qui réalise les 320 km. du parcours à 247 de moyenne.

24 Septembre 1920. — En France, SADI LECOINTE, sur NIEUPORT, moteur 300 CV, gagne les éliminatoires de la Coupe Gordon-Bennett à 279 km, 503 de moyenne.

25 Septembre 1920. — SADI LECOINTE, sur NIEUPORT, moteur 300 CV, gagne la Coupe Gordon-Bennett, à 271 km. 547 de moyenne.

20 Juillet 1921. — SADI LECOINTE, sur NIEUPORT, moteur 300 CV, gagne la Coupe des Olympiades à Anvers (7e Olympiade).

4 Septembre 1921. — SADI LECOINTE, sur NIEUPORT, est vainqueur du Grand Prix d'Italie, à 280 km. 230 à l'heure.

1er Octobre 1921. — KIRSCH, sur NIEUPORT, moteur 300 CV, gagne la Coupe Deutsch de la Meurthe, à 279 km. de moyenne.

19 Octobre 1921. — Le lieutenant RABATEL, sur monoplan GOURDOU LESEURRE, enlève la Coupe Lamblin (Paris, Bruxelles, Londres, Paris) en effectuant le parcours en 3 h. 58 min.

30 Septembre 1922. — LASNE, sur NIEUPORT, moteur 300 CV, gagne la Coupe Deutsch de la Meurthe, à 289 km. de moyenne et bat des appareils de 500 et 700 CV ; SADI LECOINTE bat le record des 100 km. à 325 de moyenne.

25 Octobre 1922. — Le lieutenant RABATEL confirme son exploit de l'année précédente dans la Coupe Lamblin en faisant à nouveau le même parcours en 3 h. 59 min.

12 Juillet 1923. — L'adjudant BONNET, sur NIEUPORT, mot. 300 CV, gagne le Military Zénith, 2180 km., avec 14 atterrissages à 162 km. 487 de moyenne.

4 Septembre 1923. — L'adjudant BONNET, sur NIEUPORT-DELAGE, enlève la Coupe Lamblin 1200 km., en 6 h. 14 min.

8 Septembre 1923. — Course croisière de la Méditerranée, Saint-Raphaël, Ajaccio, Bizerte, Berre :
1er LAPORTE, sur F. B. A. SCHRECK, moteur 180 CV.
2e HUREL, sur C. A. M. S., 2 moteurs 300 CV.

Octobre 1923. — Grand Prix des Avions de transport, 3.000 km. :
1er COUPET-LANDRY, sur FARMAN, 4 mot. 180 CV.
3e BIZOT-VILLECHANOUX, sur BLÉRIOT, 4 mot. 180 CV.

12 Octobre 1923. — L'adjudant BONNET, sur NIEUPORT-DELAGE, gagne la Coupe Lamblin, 1200 km., en 5 h. 54 min.

23 Juin 1924. — SADI LECOINTE, sur avion NIEUPORT-DELAGE et le nouveau moteur 450 CV, dont c'est le premier vol, gagne la Coupe Beaumont 300 km. à 311 de moyenne et bat ensuite le record du monde des 500 km. qu'il porte à 306 km. à l'heure de moyenne.

9 Août 1924. — BURRI, sur hydravion C. A. M. S., moteur 150 CV, ramène en France le record du monde de vitesse (500 km.) qu'il porte à 124 kmh.

23 Août 1924. — Concours des Avions de Transport : 1er BOSSOUTROT-COUPET, sur FARMAN, utilisant les 4 mêmes moteurs 180 CV de l'année précédente, couvrent les 3.000 km. à 179 de moyenne.

11 Septembre 1924. — Le Lieutenant RABATEL, sur DEWOITINE 300 CV, fait, pour la Coupe Lamblin, Le Bourget-Istres et retour en 6 h. 13.

14 Octobre 1924. — L'adjudant HERNU et le capitaine PHILIPPE, sur FARMAN « JABIRU » 4 moteurs 180 CV, emportant la charge de 12 passagers gagnent la Coupe Lamblin (Le Bourget-Istres et retour en 7 h. 37), bénéficiant d'un handicap de 2 heures par leur charge utile, leur temps correspond à 5 h. 37.

30 Novembre 1924. — PAUMIER, sur hydravion F. B. A. SCHRECK, nouveau moteur 350 CV, dont c'est le premier vol, bat le record du monde des 100 et des 200 km. avec 500 kilos de charge, moyenne 142 kmh. 180.

Sadi Lecointe. — Coupe Gordon-Bennett 1920.
Fernand Lasne.
Géo Kirsch.
Bossoutrot.
Lucien Coupet.
Bonnet.

Sesquiplan Farman, gagnant du
Grand Prix des avions de transport
en 1923 et en 1924.

Sadi Lecointe porté en triomphe.
Jean Casale.
Laporte.

Sadi Lecointe prenant un départ.

VITESSE

PROGRESSION DE LA VITESSE RÉALISÉE GRACE AU MOTEUR "HISPANO-SUIZA"

Août 1919. — Le Spad Herbemont, moteur 300 CV, fait au sol 230 kmh et 212 à 5.000 mètres.

Août 1919. — Le Nieuport, type 29, moteur 300 CV, avec 167 kilos de charge, fait au sol 236 kmh.

Août 1919. — Le Gourdou-Leseurre, moteur 180 CV, fait au sol 248 kmh.

Août 1919. — Le de Marçay, moteur 300 CV, fait au sol 252 kmh et 220 à 5.000.

30 Septembre 1919. — Sadi Lecointe, sur Spad Herbemont, moteur 300 CV, fait 267 kmh.

22 Octobre 1919. — De Romanet, sur Nieuport-Delage, moteur 300 CV, fait 268 kmh. 631.
Record du monde.

7 Février 1920. — Sadi Lecointe, sur Nieuport-Delage, moteur 300 CV, fait 275 kmh 862.
Record du monde.

28 Février 1920. — Casale, sur Spad Herbemont, moteur 300 CV, fait 285 kmh. 464. *Record du monde.*

10 Octobre 1920. — De Romanet, sur Spad Herbemont, moteur 300 CV, fait 292 kmh. 682.
Record du monde.

11 Octobre 1920. — Sadi Lecointe, sur Nieuport-Delage, moteur 300 CV, fait 296 kmh. 694.
Record du monde.

20 Octobre 1920. — Sadi Lecointe, sur Nieuport-Delage, moteur 300 CV, fait 302 kmh. 524.
Record du monde.

4 Novembre 1920. — De Romanet, sur Spad Herbemont, moteur 300 CV, fait 309 kmh. 012.
Record du monde.

12 Décembre 1920. — Sadi Lecointe, sur Nieuport-Delage, moteur 300 CV, fait 313 kmh. 043.
Record du monde.

26 Septembre 1921. — Sadi Lecointe, sur Nieuport-Delage, moteur 300 CV, fait 330 kmh. 275. *Record du monde.*

21 Septembre 1922. — Sadi Lecointe, sur Nieuport-Delage, moteur 300 CV, fait 342 kmh. 042. *Record du monde.*

29 Décembre 1922. — En Italie, l'hydravion Savoia, moteur 300 CV, fait 277 kmh. 992. *Record du monde.*

15 Février 1923. — Sadi Lecointe, sur Nieuport-Delage, moteur 300 CV, fait 375 kmh. 132.
Record du monde.

7 Août 1924. — A Sesto Calende (Italie), Passaleva, sur hydravion Savoia, moteur 300 CV, fait 303 km. 370.
Record du monde.

8 Novembre 1924. — L'adjudant-chef Bonnet, sur avion Ferbois avec le nouveau moteur 450 CV en W, fait officiellement 393 kmh. 390.
Record européen.

Sadi Lecointe.

Coupe
Dfutsch de la Meurthe
1922

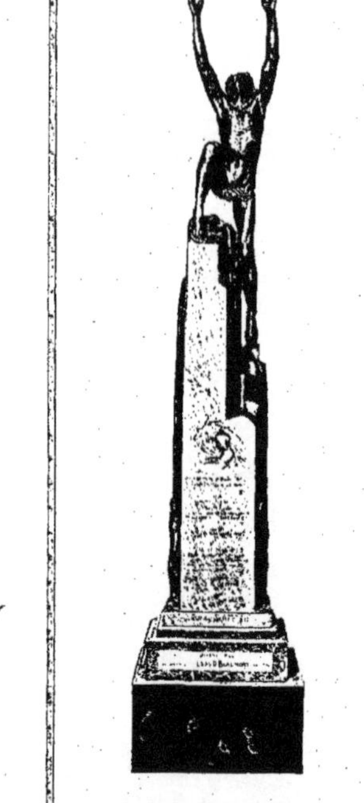

Coupe Beaumont
Juin 1924

Coupe
des Olympiades
1920

Coupe Jean Casalf

Coupe Rolland Garros

Coupe Rateau

Coupe Gordon-Bennett

Coupe Deutsch de la Meurthe 1920

*QUELQUES AVIONS
RÉALISÉS
AVEC LE MOTEUR
HISPANO-SUIZA
DEPUIS 1919*

Spad biplace, type 42,
180 CV.

Potez type X, 3 moteurs 180 CV.

Henriot, école biplace,
180 CV.

Farman tourisme,
180 CV.
S. E. S. 180 CV
(Angleterre).

Caudron, 3 moteurs 180 CV.

D. H. 6 École, 140 CV.

Barron, monoplace de chasse,
150 CV (Espagne)

S. E. C. M., tourisme triplace,
moteurs 150 et 180 CV.

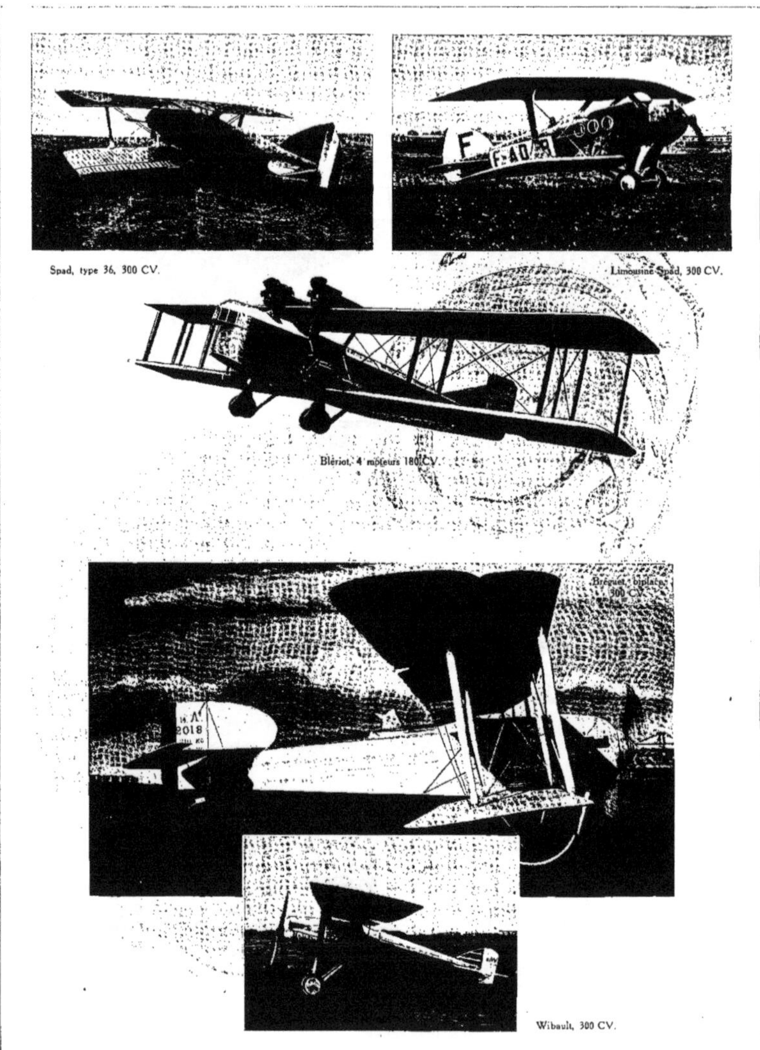

Spad, type 36, 300 CV.

Limousine Spad, 300 CV.

Blériot, 4 moteurs 180 CV.

Bréguet, biplace, 300 CV.

Wibault, 300 CV.

Sesquiplan
Nieuport-Delage,
300 CV.

Berline Spad,
300 CV.

Nieuport,
type 29, 300 CV.

Hetriot, monoplace 300 CV.

Lioré et Olivier, moteur 300 CV.

Lioré et Olivier,
moteurs 300 CV.

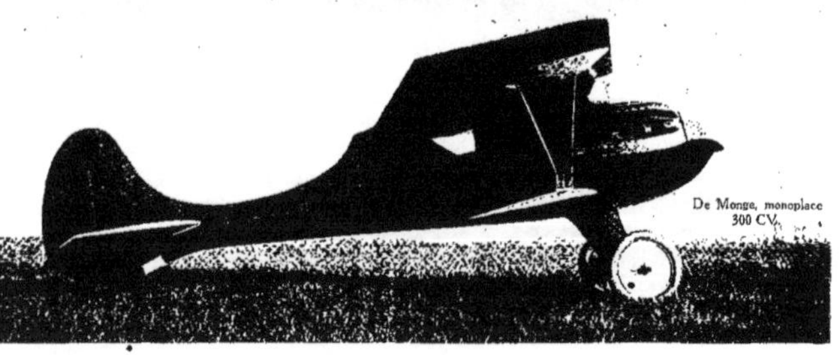

De Monge, monoplace
300 CV.

Dewoitine 300 CV
Avion Tampier, biplace 900 CV, ailes repliées, peut circuler
Havilland 300 CV (Angleterre)
Hispano biplace 300 CV

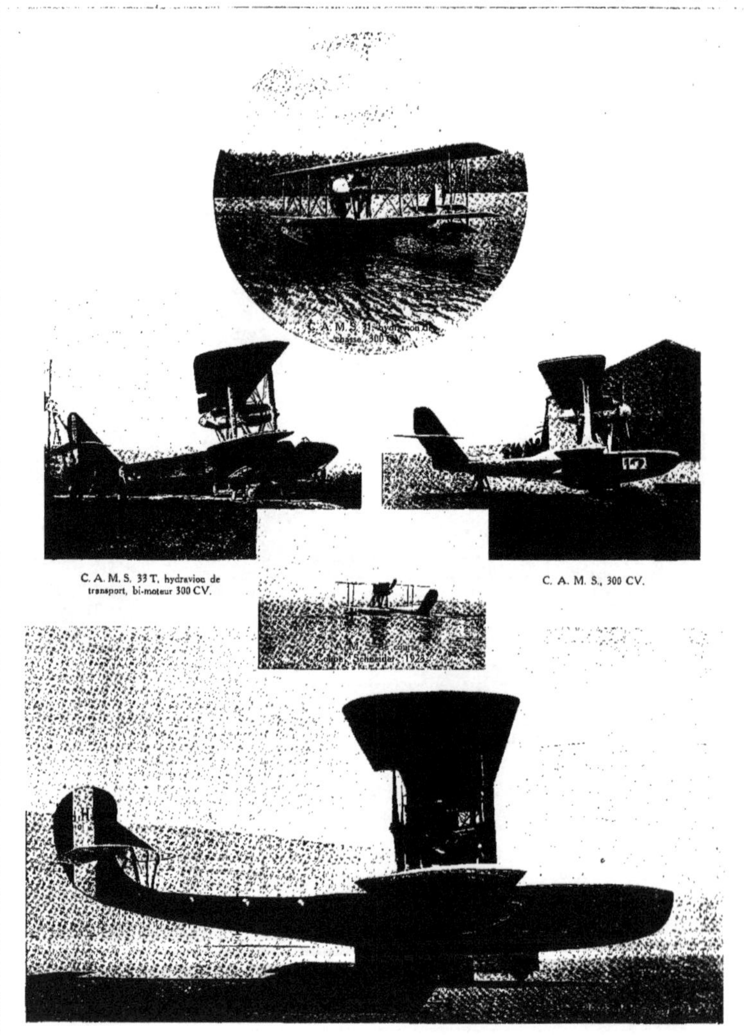

C. A. M. S. 33 T, hydravion de transport, bi-moteur 300 CV.

C. A. M. S., 300 CV.

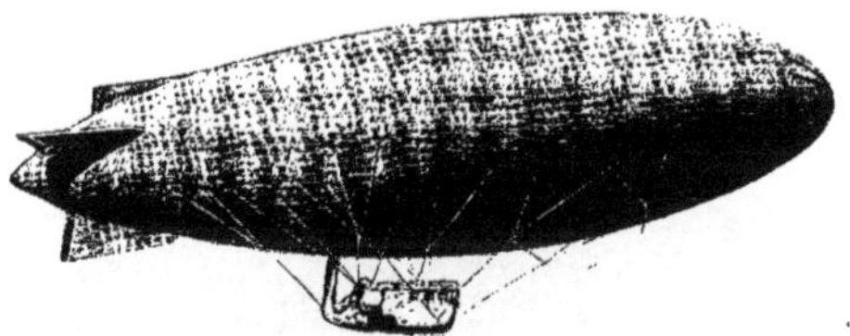

Zodiac VL 26, 2 moteurs 150 CV.

Lioré et Olivier, 2 moteurs 150 CV.

Blanchard, 4 moteurs 180 CV.

F. B. A. Schreck, 150 CV.

F. B. A. Schreck, 180 CV.

Blanchard, bi-moteur 275 CV.

Bellenger-Denhaut, 2 moteurs 300 CV.

Bellenger-Denhaut,
type "Croisière
de la Méditerranée".

Savoia, 300 CV
(Italie).

Hydravion Nieuport-Delage,
moteur 300 CV.

Blériot 115,
4 moteurs 300 CV.

Nieuport, biplace,
300 CV.

Potez, tri-moteur,
300 CV.

Dewoitine,
monoplace de chasse, 450 CV.

Nieuport-Delage, 450 CV,
appareil de record.

Potez, biplace, 450 CV en W.

Nieuport-Delage,
monoplan de chasse, 450 CV.

F. B. A. Schreck.
amphibie 350 CV - 400 CV.

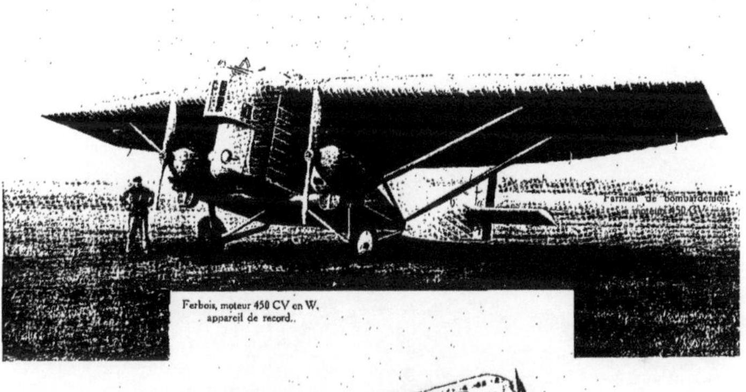

Ferbois, moteur 450 CV en W,
appareil de record.

Ferbois de bombardement,
moteur 450 CV.

Bréguet 19 A2,
moteur 450 CV.

Nieuport-Delage,
biplan de chasse, 450 CV.

TABLE DES MATIÈRES